高管团队

背景特征、行为选择与财务困境

郝二辉　王珩力◎著

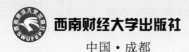
西南财经大学出版社

中国·成都

图书在版编目(CIP)数据

高管团队背景特征、行为选择与财务困境 /
郝二辉,王珩力著.--成都:西南财经大学出版社,2024. 12.
ISBN 978-7-5504-6583-1

Ⅰ.F272

中国国家版本馆 CIP 数据核字第 2025JR1861 号

高管团队背景特征、行为选择与财务困境
GAOGUAN TUANDUI BEIJING TEZHENG、XINGWEI XUANZE YU CAIWU KUNJING

郝二辉　王珩力　著

责任编辑:李特军
助理编辑:王晓磊
责任校对:石晓东
封面设计:墨创文化
责任印制:朱曼丽

出版发行	西南财经大学出版社(四川省成都市光华村街 55 号)
网　　址	http://cbs. swufe. edu. cn
电子邮件	bookcj@ swufe. edu. cn
邮政编码	610074
电　　话	028-87353785
照　　排	四川胜翔数码印务设计有限公司
印　　刷	四川煤田地质制图印务有限责任公司
成品尺寸	170 mm×240 mm
印　　张	9.5
字　　数	158 千字
版　　次	2024 年 12 月第 1 版
印　　次	2024 年 12 月第 1 次印刷
书　　号	ISBN 978-7-5504-6583-1
定　　价	78.00 元

前　言

近年来，受反全球化、西方贸易保护主义以及新冠病毒感染疫情的影响，包括中国企业在内的大量企业陷入财务困境之中。企业的健康发展关系着一国经济的前途，因此对企业财务困境形成机理进行多视角研究很有必要。

然而，当前国内外有关企业财务困境成因的研究，虽然可谓成果颇丰，但其中也存在问题。已有的研究绝大部分或从外部经济环境的角度出发，或从企业内部治理的角度出发，对企业财务困境的成因进行解释。但目前，还没有发现专门的研究是从管理者自身的角度出发，来对企业财务困境的成因作出解释。笔者认为，这正是企业财务困境研究领域需要完善的地方之一。

众所周知，所有的企业都由人经营和管理，管理人员不同的决策及行为选择导致了企业的不同结局，一些企业不断发展壮大，而另一些企业却渐渐衰落，并最终陷入财务困境之中。即使是在相同的宏观经济大环境下，同一行业里的不同企业的发展表现也有差异。因此，笔者认为，所谓资本结构不合理、投资过度、管理不善、战略失误等因素，为企业的生存及发展带来的困难，归根结底都是由人造成的，人的决策及行为选择等因素在其中发挥着至关重要的作用。尤其是企业高管，因为企业高管所做的决策，比基层管理人员所做的决策更加重要，影响更大。那么，企业高管通常是如何做出决策的呢？他们做决策时的依据是什么？这些决策的做出都受到了哪些因素的影响？基于此，笔者认为，从高管团队背景特征的视角出发，去研究企业财务困境发生的成因，并揭示其中的传导机制，是一项具备广泛现实意义与理论价值的工作。

本书选取了2020—2022年在沪深A股市场上市的公司为研究样本，分别就高管团队同质性和异质性与企业财务困境的关系进行了实证检验。

研究发现：高管团队成员平均年龄与企业财务困境呈"U"形关系，即随着高管团队成员平均年龄的增长，企业财务困境发生的可能性会呈现出先降低后上升的趋势；高管团队成员平均学历与企业财务困境的发生显著负相关；高管团队成员平均任期与企业财务困境呈"U"形关系，即随着高管团队成员平均任期的延长，企业财务困境发生的可能性会呈现出先降低后升高的走势；高管团队规模与企业财务困境的发生负相关，但并不显著。高管团队年龄异质性与企业财务困境的发生显著正相关；高管团队学历水平异质性与企业财务困境的发生显著负相关；高管团队任期异质性与企业财务困境的发生显著负相关；高管团队专业背景异质性与企业财务困境的发生显著负相关；高管团队任职经历异质性与企业财务困境的发生显著负相关。此外，回归结果还显示，公司的财务杠杆比率与财务困境的发生正相关；公司的盈利能力、高管团队持股比例、独立董事所占比例、公司规模、所有权为国有的公司与企业财务困境的发生负相关。

投资决策作为决定企业发展最为关键的两种决策行为之一，将会对企业财务困境的发生产生重要的影响，本书以过度投资作为投资决策的替代变量。随后在实证研究中我们发现：高管团队成员平均年龄与企业过度投资显著负相关；高管团队成员平均学历与企业过度投资显著负相关；高管团队成员平均任期与企业过度投资负相关，但并不显著；高管团队规模的一次项系数显著为负、二次项系数为正，但不显著，尽管如此，我们基本上可以认为，企业过度投资会随着高管团队规模的扩大而呈现出先降低后上升的趋势。高管团队年龄异质性与企业过度投资显著正相关；在高管团队中科学和工程类专业背景的人员所占比例与企业过度投资负相关，但并不显著；高管团队任职期限异质性与企业过度投资显著正相关；高管团队学历水平异质性的一次项系数为负、二次项系数为正，但都不显著。过度投资与企业财务困境的发生正相关，这表明高管团队背景特征可以通过与企业过度投资间的关系，进而影响企业陷入财务危机的可能性。此外，在控制变量部分，回归结果还显示：企业的盈利能力与过度投资显著正相关；管理层持股比例与企业过度投资负相关；独立董事所占的比率与企业过度投资负相关，但回归结果并不显著；财务杠杆比率与企业过度投资显著负相关；企业规模与过度投资负相关，但并不显著；股权集中度与过度投资正相关，也不显著。

融资决策是影响企业发展的另一种关键的决策行为，本书以资本结构作为融资决策的替代变量。随后在实证研究中我们发现：高管团队成员平均年龄与企业资本结构在1%的水平上显著负相关；高管团队成员平均学历与资本结构也显著负相关；而高管团队成员平均任职期限与企业资本结构负相关，但不显著；高管团队规模与企业资本结构正相关，但也不显著；资本结构与企业财务困境发生的可能性在1%的水平上显著正相关。我们还发现，高管团队学历水平异质性与企业资本结构显著负相关；在高管团队中经管类专业背景人员所占比例与企业资本结构显著正相关；高管团队年龄异质性与企业资本结构正相关，但不显著；高管团队任期异质性与企业资本结构负相关，但不显著。此外，回归结果还显示，资本结构与企业财务困境的发生正相关，这表明，高管团队背景特征影响了企业发生财务困境的可能性。在控制变量部分，企业的盈利能力与资本结构及企业财务困境发生的可能性均显著负相关；高管团队持股比例与企业财务困境发生的可能性也显著负相关；而独立董事持股比例与企业财务困境发生的可能性负相关，但不显著；企业规模与资本结构基本上显著正相关。

本书包括七章。

第一章，导论。本章主要介绍本书的选题背景、研究意义、基本概念的界定、研究方法及思路、内容结构安排及创新之处等。

第二章，文献综述。本章主要介绍高管团队背景特征、财务困境、资本结构和过度投资领域所涉及的与本书相关的最新的研究进展，并对其进行简要的归纳和评述。

第三章，理论基础。本章主要阐述高管团队背景特征、财务困境、资本结构和过度投资领域所涉及的与本书相关的基本理论，并以此作为全书研究的重要支撑。

第四章，高管团队背景特征与财务困境。本章从高管团队背景特征的视角出发，采用实证检验的方法，分别就高管团队背景特征的同质性与企业财务困境间的关系以及高管团队背景特征的异质性与企业财务困境间的关系进行深入研究。

第五章，高管团队背景特征、过度投资与财务困境。本章通过实证分析的方法，分别从高管团队背景特征的同质性与异质性两个角度出发，对其与企业过度投资行为间的关系进行深入研究，并在此基础之上研究过度投资与企业财务困境间的关系。

第六章，高管团队背景特征、资本结构与财务困境。本章从高管团队背景特征的角度入手，通过实证分析，研究高管团队背景特征的同质性与异质性分别给企业的资本结构所带来的影响，以及企业资本结构上的差异导致的财务困境发生的可能性上的区别。

第七章，本书的不足之处及对未来的展望。本章基于前文的研究，分析本书存在的不足之处，并对未来的研究方向进行展望。

郝二辉　王珩力

2024 年 11 月

目　录

1 导论

1.1 选题背景与研究目的

近年来，受反全球化、西方贸易保护主义以及新冠病毒感染疫情的影响，包括中国企业在内的大量企业陷入财务困境之中。企业的健康发展关系着一国经济的前途，因此对企业财务困境形成机理进行多视角研究很有必要。

然而，国内外有关企业财务困境成因的研究，虽然成果颇多，但其中也存在问题。已有的研究，绝大部分或从外部经济环境的角度出发，或从企业内部治理的角度出发，对财务困境的成因进行解释。目前，还没有发现专门的研究从管理者自身的角度出发，对财务困境的成因作出解释。笔者认为，这正是企业财务困境研究领域需要完善的地方之一。

众所周知，所有的企业都由人在经营和管理，管理人员不同的决策及行为选择导致了企业的不同结局，一些企业不断发展壮大，而另一些企业却渐渐衰退，并最终陷入财务困境之中，即使是在相同宏观经济大环境下，同一行业里的不同企业的发展表现也有差异。因此，笔者认为，所谓资本结构不合理、过度投资、管理不善、战略失误等因素，为企业的生存及发展所带来的困难，归根到底都还是由人造成的。人的决策及行为因素在其中发挥着关键性的作用，尤其是企业高管，因为高管的决策和行为比基层管理人员的决策和行为更加重要。那么，企业高管通常是如何做出决策的呢？他们做决策的依据是什么？这些决策的做出都受到了哪些因素的影响？

对于上述问题，高阶理论的解释为：在一般情况下，企业高管都是有限理性的。然而，高管们所面临的决策环境却是十分复杂的，经常会有超出高管们理解范畴的事件发生。这时候，企业高管一般会根据自身的价值观、认知、洞察力等做出行动决策，而决策质量最终又会反映到企业的绩效上来。由此，我们可以看出，高管团队成员不同的价值观、认知、洞察力等能够影响到企业绩效及战略选择。不仅如此，高阶理论还认为，作为决定高管团队行为决策模式的价值观、认知、洞察力等，主要源于高管们的背景特征，如年龄、性别、学历、专业、职业背景等（Hambrick and Mason，1984）。代理理论（agency theory）认为，人是自利的，经理作为代理人被认为是具有机会主义倾向的。因此，管理者在进行战略决策和选择时，一般并不是从资源和客观动因出发，而是可能会以牺牲股东的利益为代价，来降低自身的就业风险及谋求自身的利益最大化，即出现委托代理关系中的道德风险和机会主义行为问题（Jensen and Meckling，1976）。资源依赖理论（resource dependence theory）则认为，企业是一个在组织管理框架下进行生产的资源集合体（Penrose，1959）。企业的发展离不开资源，一个企业在做战略决策时，其独特的资源和能力是制定与执行战略决策的基础。因此，资源依赖理论解释了为什么中小企业在公司治理和其他资源的缺乏方面会处于更加不利的地位。企业发展离不开人才，高管团队是一个企业最为宝贵的资源。

以上理论分析的结果表明，企业高管的行为决策，对企业未来的成败发挥着至关重要的作用。企业高管的行为决策既能使一些企业发展壮大，也能使一些企业慢慢走向衰退，并最终陷入财务困境之中。然而，企业高管所做出的行为决策的表现形式却是多种多样的，但对一个企业的成败而言，投资决策与融资决策均是至关重要的两种决策行为。这两种决策将会决定一家企业的未来。因此，本书选择了资本结构与过度投资两种企业行为来分别作为融资决策和投资决策的替代变量，用以考察高管团队的背景特征是怎样影响他们的选择行为，以及不同的选择行为又是如何导致企业陷入财务困境的。

关于过度投资的成因及治理，一直以来都是实务界与学术界关注的热点问题之一。Richardson（2019）认为，所谓的过度投资，实际上是企业把资金投入净现值小于零的项目之中。那么，是什么原因让企业做出了这种选择呢？几十年来，不同学者从不同的研究角度出发，分别给出了多种解释。Schumpeter（1911）从"经理商业帝国主义"的假设出发，认为经理总是偏好建造"个人商业帝国"，因为经理所追求的地位、权力、薪酬以及特权均与企业的规模成正比。这样，经理就有可能会将企业的资源投入不能为股东创造财富但对经理个人有利的项目，以期实现企业规模扩大的最大化，从而形成企业的过度投资。Jensen（1986）提出了企业自由现金流假说。Jensen认为，企业过度投资与自由现金流正相关，企业的自由现金流越多，企业过度投资就会越严重。之后，Narayanan（1988）又从信息不对称的角度，对过度投资的问题做出了新的阐释。他认为，市场一般会通过项目的净现值来试图识别所有的企业。但是实际上，这一举措是无法实现的，因为每个项目都具有不同的净现值，却会以平均价值估价发行股票。这样一来，假如项目的净现值较低，而发行股票的价格又是基于企业投资项目的平均价值，从而就会导致有些企业的股票被高估，这些企业必然会从中获得额外收益。如果这部分收益大于企业因投资净现值小于零的项目所带来的损失，企业就会有利可图，所以就会发生有些企业去投资非盈利项目的现象。

由此，我们可以看出，在现存有关过度投资方面的研究文献中，并没有考虑企业高管在价值观、认知、性格、情绪等上的个体差异，以及这些差异所导致的企业高管在过度投资程度上的区别，并由此而造成对企业财务困境发生概率影响上的不同。

此外，有关企业资本结构方面的研究也是如此。资本结构，习惯上也被称为融资结构、财务结构或财务杠杆。自从Modigliani和Miller（1958）提出在资本结构领域具有开创性的理论（MM理论）以来，有关企业债务融资行为的理论研究与实践检验就不断地被发展及创新。其中，最著名的莫过于Robichek和Myers（1966）的权衡理论、Jensen和Mechling（1976）的代理成本理论以及Myers和Majuf（1984）的融资优序理论。Robichek和Myers（1966）的权衡理论认为，企业因债务融资比例过高而带来的风险主要是指企业的破产风险或财务拮据成本的增加。而企业的破产风险或财务拮据成本是指企业因为没有足够的债务偿还能力，不能及时偿还到期的债务而为企业带来的风险。Jensen和Meckling（1976）指出，公司债务融资中存在的违约风险是财务杠杆比率的增函数，随着公司债务融资比例的提高，债权人所支付的监督成本也会随着增加。因此，债权人会要求债务人支付更高的债务利息率。但归根结底，这些增加的成本最终都是由公司的股东来承担的，所以，他们得出的结论是，若公司整体资本结构中的债务融资比率过高，有导致公司股票价值下降的风险。Myers 和 Majuf（1984）的融资优序理论则认为，由于存在信息的非对称和逆向选择等问题，企业的融资行为会表现出明显的偏好顺序：一般来说，首先考虑内源融资，然后考虑银行信贷融资或债券融资，最后考虑发行股票。如果一个企业的盈利能力较强，则可利用的内源融资就会有较好的保证。因此，企业的盈利能力与内源融资行为呈显著正相关关系，与外源融资行为之间则会呈负相关关系；同样的道理，企业的流动性能力指标与内源融资行为也呈显著正相关关系。此外，成长性强的企业，往往容易产生内部人与外部人之间的信息不对称问题。为避免价值被低估，企业会更加倾向于选择内源融资，因此，企业的成长性与外源融资行为呈负相关关系。

可以看出，不管是权衡理论，还是代理成本理论，抑或是融资优序理论，都建立在一个共同的基础之上，即这些理论都假设企业高管是理性而无差别的。但我们知道实际情况并非如此，人与人之间并非无差别，而且也不是在任何时候都是完全理性的，这在前面所提到过的高阶理论里已得到证明（Hambrick and Mason，1984）。目前，从企业高管背景特征的角度去研究企业资本结构的文献寥寥无几。

基于以上的分析，本书的研究目的主要有三个：①从人的角度出发，研究高管团队的背景特征与企业财务困境间的关系，力图找出导致企业财务困境发生的最根本原因；②透过投资和融资两个视角，研究高管团队人员的决策行为，以及在高管团队的背景特征与企业财务困境间的关系中所起到的作用；③为企业找出优化高管团队组成的合理化建议。

1.2 基本概念界定

1.2.1 高管团队

高管团队（top management team）成为一个学术用语已有 50 多年的时间。但至今，学者们对高管团队的界定还未达成共识，以往学者在对高管团队进行研究时，多是根据研究的需要和数据的可获得性来定义高管团队的，所以在展开本研究之前，有必要对其进行明确的界定。

最早对高管团队的定义可以追溯到有关战略管理的文献中，兴起于20世纪70年代的战略管理理论中，研究者多将高管团队视作一家企业运行的中枢，高管团队通过对管理决策的制定与执行给企业带来价值的增值。不过，那时候的研究大多偏重首席执行官（CEO）一个人（Murphy，1999）。这是因为，一般情况下，CEO是对公司的经营决策起决定性作用的关键人物，并对其他管理人员发挥着领导人的作用。随着企业资源依赖理论在20世纪80年代的发展，高管团队逐渐开始被认为是一种使企业获得良好绩效的战略资源，并且认为其构成了企业核心竞争力的一部分。Rosen（1982）也指出，对企业而言，企业高管所做的决策比基层管理者更重要，而企业高管出现偷懒行为对企业的影响也比基层管理者出现同一行为时的影响更严重。此时，高管团队一般被定义为：高管团队是指以独特的方式结合在一起的并可以通过战略决策的制定与执行而能够为企业带来价值增值的整个群体。

到了20世纪90年代，Smith（1994）把高管团队定义为：高管团队的组成人员是企业的最高层，属于企业的战略制定与执行阶层，承担着整个企业的组织与进行内外协调的责任，对企业的经营管理拥有极大的决策权与控制权。当然，并不是所有的高管组成的集合都属于高管团队成员。高管团队成员主要是指那些有着良性互动、共同目标、高效能、能够实现企业资源优化整合的领导队伍。高管团队除拥有团队的概括性特征外，还有其他区别于一般工作团队的独特特征，即高管团队的决策功能更强。在竞争激烈、变化迅速的市场经济条件下，要求高管团队成员之间进行紧密的合作，并能够做出更快捷的反应，更灵活、更好地解决问题，从而取得更大的经营成果。

Finkelstein 和 Hambrick（1996）将高管团队定义为：高管团队是指处于企业最高战略制定与执行层面的高级管理群体，他们负责整个企业的组织与协调，对企业的经营管理拥有极大的决策与控制权。Michel 和 Jackson（1989）将高管团队定义为：高管团队是指那些参与公司重大决策的高级经理。Krishnan 等（1998）将高管团队定义为：高管团队是指由首席执行官、总裁、首席运营官、首席财务官及下一个层次的最高级别的人员所组成的管理群体。Li 等（2018）将高管团队定义为：高管团队是指由企业的高级经理所组成的相关小群体，具体包括企业的首席执行官、总经理、副总经理和直接向他们做汇报工作的各种类型的高级经理。Wiersema 和 Bantel（1992）将高管团队成员界定为董事长、总裁、首席执行官、执行副总裁、副总裁等公司的高级管理者。Sutcliffe（1994）、Boeker（1997）通过向高管进行直接问卷调查的方式，由高管自己来确认高管团队成员，问卷调查的具体内容则包括由高管确认参与公司战略决策制定与执行和直接向他们进行汇报的高级经理两大类。Eisenhart（1990）、Knight（1999）则通过与高管进行深度访谈的方式，来确定参与公司战略决策制定与执行的高级经理，并以此来确定高管团队的组成人员。

近年来，国内学者在对高管团队的界定上也提出了多种自己的看法。魏立群和王智慧（2022）将高管团队成员界定为拥有首席执行官、总经理或者总裁头衔的高级管理人员，以及拥有副总经理、副总裁、总会计师或者首席财务总监等头衔的公司高级管理人员。张平（2016）为高管团队设计了一个具有可操作性的定义：高管团队是指在上市公司中，由拥有副总裁/副总经理、总会计师、总经济师、财务总监、总工程师等以上头衔的高级管理人员组成的团队。孙海法等（2018）认为，高管团队成员是指包括董事长、总经理、副总经理、总经理助理及各职能部门经理在内的参与公司高层决策的管理者，但是在这里面不应包括党委书记、工会主席等不具有实际企业经营权的职位及中层管理人员。焦长勇和项保华（2015）认为，在当今世界各国公司董事会的构成中，很大一部分董事是由公司的内部执行董事担任的，且在公司内部从事着具体的经营管理工作，因此，董事会成员通常为公司战略决策和经营决策的核心构成人员，从而成为学者们探讨高管团队特征的主要对象。陈晓红等（2018）认为，高管团队成员应该包括公司中的董事长、总经理、董事、独立董事、副总经理、财务总监和监事等高级管理人员。马彩凤（2018）认为，高管团队是指由公司高级经理组成的相关小群体，具体包括总经理、副总经理以及直接向他们汇报工作的高级经理等。高管团队成员一般来自企业的最高层，属于企业的战略决策的制定与执行者，负责对整个企业的组织与内外协调工作，对企业经营管理拥有很大的决策权与控制权。马彩凤还认为并不是所有的高层管理者组成的集合都是高管团队，高管团队主要是指那些存在良性互动、资源优化整合、具有共同目标、高效能的领导群体。

另外，在我国官方出台的相关法规中，对高管也做出过相应的界定。《企业会计准则第 36 号——关联方交易》将关键管理人员定义为董事长、董事、总经理、总会计师、财务总监、主管各项事务的副总经理，但不包括监事。2005 年中国证监会颁布的《上市公司股权分置改革管理办法》中划分了董事、监事、经理、其他高级管理人员。2005 年修订的《中华人民共和国公司法》在第二百一十七条中首次对公司的高级管理人员、控股股东、实际控制人、关联关系四个概念进行了明确的界定。其中规定：高级管理人员，是指公司的经理、副经理、财务负责人，上市公司董事会秘书和公司章程规定的其他人员。但在近几年的研究中，也有学者（Dwyer，2020）对传统高管团队的界定提出了批评，认为中层经理在企业战略决策和决策实现过程中同样发挥着关键性的作用。此外，陈伟民（2018）也认为，在管理团队的研究中应增加中层经理等其他的中级管理人员。

本书考虑了数据取得的可行性和以往定义的范畴，结合各公司年报中披露的高层管理者信息和中国的实际情况，界定了企业高管团队，具体包括担任管理职位的董事会成员、监事会成员、总经理、总裁、常务（或第一）副总经理、常务（或第一）副总裁、财务总监（或财务负责人）、技术总监、总工程师、总经济师、董事会秘书等高级经理人员。

1.2.2 高管团队背景特征

有关高管团队背景特征的研究，最初几乎全部都集中于 CEO 个体或个体领导者身上，研究内容一般为高管团队的个体特征对组织选择的影响。早在 1958 年，Dearborn 和 Simon 就指出，可以用人口的统计学特征来解释个人的信仰以及价值观形成。Pfeffer（1983）认为，在企业绩效的解释方面，高管的人口统计学特征是一个十分重要的解释变量，该变量能够对一系列的调节变量及过程变量产生影响，并进而对企业的绩效产生影响。Hambrick（1994）认为，高管团队的特征比 CEO 的个体特征对企业绩效的解释力度更大，因为企业高管团队承担着制定与施行企业战略的使命，对企业的绩效和发展来说至关重要。自 Hambrick 和 Mason 于 1984 提出了著名的高阶理论以来，许多研究学者开始关注高管团队背景特征与企业绩效间的关系。高阶理论认为，企业的战略选择是一个非常复杂且含义广泛的过程，而复杂的决策是由多种影响因素共同作用导致的结果，它反映着决策者的特质，而公司高管背景特征影响着他们所做出的决策，并最终决定了由他们所领导的公司行动方式（Hambrick 和 Mason，1984）。此外，高阶理论还重点研究了高管团队的传记性特征，包括团队人员年龄、团队任期、性别比例、教育水平、社会背景、财务状况等几个方面的重要特征。高管团队的传记性特征决定了管理者在管理工作中的偏好，高管团队的传记性特征比认知、价值观、性格等抽象概念更容易测量，因此，也更易将高管团队特征理论应用于实证研究之中。

Wiersema 和 Bantel（1992）、Jensen 和 Zajac（2004）选取了年龄、教育背景（学历和专业）、职业背景（任期、职能等）等变量测量企业家人口学特征。焦长勇和项保华（2003）在对企业高层管理团队特征与战略效果关系的研究回顾中，从高管团队人员的平均年龄、平均任期、平均教育程度、国际经验、年龄差异、任期差异、教育程度差异和职业背景差异等方面分析了高管团队的特征。Pelled（1999）选取年龄、性别、种族、任期、教育、文化、经验等变量作为高管团队的背景特征指标。魏立群和王智慧（2002）在研究中，采用平均年龄、年龄异质性、教育程度异质性、职业来源异质性和经历复杂程度五个指标来研究上市公司的高管团队特征。

高管团队背景特征的研究又可分为同质性特征和异质性特征两个视角。高管团队的同质性特征是指团队成员在教育程度、年龄、能力等方面的平均水平，反映了高管团队背景特征的总体水平；而高管团队的异质性特征则反映了这些特征的差异化程度。高管团队的异质性是指团队成员在人口传记性特征以及认知观念、价值观上的差异性。高管团队的异质性包括多个维度，如年龄异质性、团队任期异质性、教育水平异质性、任职经历异质性及性别异质性等。

高管团队的同质性特征往往会导致相似的感觉及吸引力，特别是在价值观、信任和态度等上的同质性，会增强团队内部的凝聚力及对团队自身的识别能力；类似的任职经历和经验能消除团队成员在沟通上的障碍，使交流变得更加容易。以往学者的研究表明，高管团队背景特征的异质性有利于拓宽团队的视野，并从中识别出更多的机会，从而提升高管团队解决问题的能力，使得异质性团队更加适应处理非结构化、具有创造性的问题。

根据国内外学者已有的相关研究，并兼顾数据的可得性及本书的研究目的，在接下来的研究中，我们所选取的有关高管团队背景特征的同质性变量主要包括四个，即高管团队人员平均年龄、平均学历水平、平均任期、团队规模；所选取的高管团队背景特征的异质性变量主要包括五个，即高管团队年龄异质性、学历水平异质性、任期异质性、专业背景异质性、工作经历异质性。

1.2.3　财务困境

我国学术界和实务界所使用的"财务困境"一词，西方一般使用"financial distress"来表示。"distress"一词被解释为：极大的痛苦、悲伤、贫困、困苦、危难、困境。在许多情况下，中国的学者也使用"企业财务困境"一词来表示"财务困境"。本书在接下来的研究中将不加区分地使用这两个等价的概念。

关于企业财务困境的定义，不同的学者有着不同的看法，但归结起来可以分为两大类：一类是从法制层面对企业财务困境进行的定义；另一类是研究学者给出的定义，但这些定义也不脱离法制层面的范围（池景清，2019）。有关企业财务困境的界定不同，在研究样本的选取上就会存在差异，进而影响实证结果与推论。

从法制层面对财务困境的定义。Beaver（1966）认为，财务困境是指企业无力偿还到期债务的情况，具体表现为破产、银行透支、拖欠优先股股利、到期债券不能偿付等。Ohlson（1971）则把企业依据破产法而提出破产申请的行为当作企业陷入财务困境的标志。Altman（1968）、Deakin（1972）认为，财务困境公司仅包括那些已经经历破产或者是无力偿还到期债务，以及为了债权人利益且已经进入清算环节的公司。Blum（1974）将公司债到期未能支付，且已进入破产程序，或者是债权人同意减少债务等，视为企业进入财务困境的标志。Dun 和 Bradstreet（1988）把因宣告破产而停止营运者或因债权人提出而强制执行、丧失抵押品赎取权者，以及因遭逮捕而终止营运者，到期债务无法清偿者，企业发生重整或改组而受制于法律诉讼者等情况之一者，视为发生财务困境的公司。Altman（1993）将财务困境划分为四种情况：①没有偿付能力，具体包括技术上的无力偿付和破产意义上的无力偿付两种类型，前者指的是企业缺乏流动性，后者则指的是企业资不抵债；②失败，具体是指公司的日常经营因为破产而停止，或者在处置抵押品的情况下仍为债权人带来损失的，以及因法律纠纷而被接管重组等情况；③违约，即指技术上的违约和法律上的违约两种，前者是指债务人因违反合同规定而招致的法律纠纷，后者是指债务人无法偿还到期债务；④破产，即指企业在提交破产申请后被接管或清算。Yehning Chen（1995）认为，财务困境指的是企业资产的清算价值小于债权人对企业要求权的账面价值。Morris（1997）则按照严重程度列出了依次递减的 12 个标志企业陷入财务困境的条件：①由债权人申请对企业进行破产清算，或者企业自愿申请破产清算，抑或债务公司被指定接收者完全接收；②公司股票在交易所被停牌；③被注册会计师出具了公司持续经营的保留审计意见；④与债权人协商进行债务重组；⑤债权人开始寻求资产保全的措施；⑥因违反债券契约，公司的债券评级或信用评级被下调，或发生针对公司董事与财产的法律诉讼；⑦公司进行资产重组；⑧债务公司重新指定董事，或者公司聘请诊断师开始进行经营诊断；⑨公司被接管（但并不是所有被接管的公司都预示着已经陷入了财务困境）；⑩公司已关闭或出售了部分产业；⑪开始减少或根本就未能分派股利，或者报告中出现了损失；⑫财务报告中反映了比市场预期可接受水平要低的利润，或者公司股票的相对市场价格出现了下降。Ross 等（2010）则认为，可从四个视角来对财务困境进行定义：①企业失败，即企业遭清算后仍无力偿还债权人的债务；②法定破产，即企业或债权人向法院提出破产申请；③技术破产，即企业无法按期履行还本付息的债务契约；④会计破产，即企业出现账面净资产为负的情况，资不抵债。Eivind Bernhandsen（2001）认为，破产程序的开始则预示着企业已进入财务困境。

国外学者给出的有关财务困境的定义。Carmichael（1972）把财务困境界定为因履行义务受阻而表现出权益不足、流动性不足、拖欠债务和资金不足四种情况。Blum（1974）则将企业的规模不断缩小、债权人的债权逐渐扩大、生产资源也逐渐减少等作为企业陷入财务困境的标志。Foster（1986）将财务困境界定为，除非对经济实体的经营或结构施行大规模的重组，否则就难以解决严重变现问题。Karen 和 Wruck（1990）则认为，财务困境是指一家企业因经营活动所产生的现金流量不足而难以偿还当前到期债务，而被迫采取改正行为的状态。Lisa（1990）把财务困境定义为公司三年累积营业净利润为负的情况。Coats 和 Fant（1993）则把对企业财务报表审计意见的类型当作判断企业是否陷于财务困境的标准，如注册会计师若对企业的财务报表发表拒绝表示意见类型的审计报告，则标志着企业已陷入财务困境。John 和 Kose（1993）将公司的财务困境界定为，在一个给定的时点上，若公司发生流动资产不能满足它的书面合同所需要的现金需要时，就认为其已陷入财务困境。Whitaker（1999）认为，当企业的现金流不足以偿还当前的长期债务的时候，表明企业已开始陷入财务困境，但是企业的现金流不足并不是一个充要条件，因为当企业的现金流在不足以偿还其当前所面临的债务时，公司仍然会有多种现金的获取途径，从而避免对债务的拖欠，其中包括减少存货、利用现金储备、出售资产、提高银行信用额度、增加公司权益、施行债务重组等。但是，如果企业的现金流发生持续不足的状况，且各种获取现金的途径都已用尽，则企业最终必将因拖欠债务而陷入财务困境。Sudmsanam 和 Lai（2021）使用由Taffer 建立的 Z 值法来作为财务困境界定标准，如果企业在两个年度连续的负 Z 值之后，出现一个最低 Z 值年度的话，则表明企业已处于财务困境之中。Platt（2017）认为，企业的财务困境应先于企业的破产，即财务困境仅仅包括企业在发生破产以前的那种财务困难状态。

国内学者给出的有关企业财务困境的定义。陈肇荣（1983）将企业的自有资金相对不足，经营资金短缺，短期债务清偿产生严重困难，则其企业的此种状态在短期内又不可能得以改善的情况，作为企业财务困境发生的标志。谷祺、刘淑莲（1999）将财务困境界定为，企业无力支付到期的费用或债务的一种状态，其中包括从资金运营的技术性失败到企业破产，以及处于二者之间的各种情况。陈文浩与郭丽红（2021）把财务困境界定为，企业不能偿还到期债务的困难和危机，其极端情况即为企业破产。高培业等（2010）把能否按期偿还银行贷款本息来作为企业是否发生财务困境的标志。陈静（1999）、张玲（2015）、陈晓和陈治鸿（2015）、李华中（2001）、姜秀华和孙铮（2021）、吴世农和卢贤义（2001）等则把被 ST 的公司界定为企业陷入财务困境的标志。龚品如（2009）把处于财务困境的企业划分为五种情况：①申请公司破产或进行资产重组者；②公司股票因违约交割，致使公司股价严重下跌，且损失惨重者；③因发生公司重大舞弊或违约事项致使股票被暂停交易者；④银行贷款展期者；⑤股票被 ST

或被 PT 者。长城证券课题组（2012）把首次出现亏损的公司界定为发生财务困境公司。张后奇（2022）则认为，上市公司的财务困境应该是一个时期概念，既有开端也有结束，从公司财务困境出现的那一时点算起直到公司发生破产为止，都应属于企业发生财务困境的过程。最后，他们把上市公司是否发生亏损来作为判别公司是否陷入财务困境的主要标志。刘红霞、张心林（2018）认为，财务困境应包括三层含义：①虽然企业的总资产大于企业的总负债，但由于企业的现金净流量低、经济效益差、资产配置不合理，而导致企业无法按时偿还到期的债务；②最近一个会计年度的股东权益低于其注册资本或者是最近两个会计年度的净利润为负；③因企业的总负债大于企业的总资产，经协商而进入企业重组状态。陈凯凡（2019）依据上市公司连续两年的财务状况，把第一年发生亏损且于第二年出现微利的状况视为企业陷入了财务困境，并把首次发生亏损的年度作为企业陷入财务困境的时点标志。吕长江、韩慧博（2014）认为，处于财务困境状态的企业应满足两个条件：①企业的流动比率连续两年低于 1；②两年之中至少存在一年营业利润小于零的状况。姜付秀等（2019）利用 Altman 在 1968 年求出的 Z 值作为财务困境企业的判定标准，将 Z 值小于 1.8 的企业定义为财务困境企业。

结合我国的实际情况及国内学者的研究惯例，本书对财务困境企业的界定选用了两种方法：①把 ST 企业界定为财务困境企业；②用 Z 指数加以衡量。我们以 1.8 为临界值，来判断企业的财务困境状况，把 Z 值小于 1.8 时界定为财务困境企业。

1.2.4　行为选择

本书研究的主题为高管团队的背景特征与企业财务困境间的关系。众所周知，所有的企业都是由人在经营和管理的，管理人员不同的决策行为选择造成了企业间的不同结果，有些企业会不断发展壮大，有些企业却逐渐陷入了财务困境之中，即使是在相同的经济大背景下，同行业不同企业的表现也各不相同。因此，我们认为，所谓由资本结构不合理、过度投资、超速增长、管理不善、战略失误等因素给企业的生存和发展所带来的困难，归根到底都是由人造成的。人的因素在其中发挥着关键性的作用，尤其是企业的高层管理人员，因为高层管理人员所做的决策比基层管理人员的决策更重要。然而，高层管理人员的决策行为选择是如何做出的呢，也即在面临类似的情况时，为什么不同的管理人员会有不同的决策行为选择呢，究竟是什么因素在支配着高层管理人员的决策行为选择呢？

针对以上问题，恩格斯说过，人们"行动的一切动力，都一定要通过他的头脑，一定要转变为他的愿望的动机，才能使他行动起来"。

高阶理论认为，人是有限理性的，在现实生活中，管理者并不是按照概率法则评估不确定事件，而且并不总是按照"预期效用最优化"理论做出决策。然而，高管所面临的决策环境却是十分复杂的，经常会有超出高管理解范畴的事件发生。这时候，高管一般会根据自身的价值观、认知、洞察力等做出行动决策，而决策质量，最终会反映到企业的绩效上来。由此，我们可以看出，高管团队成员不同的价值观、认知、洞察力等能够影响到企业绩效及战略选择。不仅如此，高阶理论还认为，作为决定高管团队行为决策模式的价值观、认知、洞察力等，主要源于高管的背景特征，如年龄、性别、学历、专业、职业背景等（Hambrick 和 Mason，1984）。代理理论认为，管理者的决策行为选择一般并非从资源和客观动因出发的，而是为了降低自身就业风险和提高自身报酬做出的。然而，不同背景特征的人，其价值观、性格、认知、偏好等就会存有差异，管理者"自利"的动机及强度也会不尽相同，所以，不同背景特征的管理者的决策行为就会不一样。

代理理论则指出，人是自利的，经理作为代理人被认为具有机会主义倾向。因此，管理者在进行战略决策和选择时，一般并不是从资源和客观动因出发，而是可能会以牺牲股东的利益为代价来降低自身的就业风险及谋求自身的利益最大化，即出现委托代理关系中的道德风险和机会主义行为问题。Jensen 和 Meckling（1976）指出，管理者出于自我寻利的行为动机，可能会不顾公司股东及债权人的利益，做出一些伤害公司的战略决策，如任意并购其他公司、购置豪华私人设备、去著名旅游区以及参加对企业经营益处不大的商务旅行等活动，从而导致公司经营成本上升，并最终影响到企业的生存能力。然而，笔者认为，管理者的背景特征不同，其作为委托人的代理成本也会有差异。例如，管理者的年龄与管理者的代理成本可能就存在关系，对年轻的高管来说，他们日后的职业生涯还很长，若年轻的高管因牟取私利，损害了公司的利益及违反了公司的规定而遭到查处，其所承担的机会成本比年长的高管会更高，这反而使得他们的代理成本可能会更低。

资源依赖理论则认为，企业是一个在组织管理框架下进行生产的资源集合体（Penrose，1959），企业发展离不开资源，一个企业在做战略决策时，其独特的资源和能力是制定与执行战略决策的基础。因此，资源依赖理论解释了为什么中小企业在公司治理和其他资源的缺乏方面会处于更加不利的地位。企业发展离不开人才，高管团队是一个企业最为宝贵的资源。在此基础之上，笔者认为，管理团队成员资源禀赋与其背景特征密切相关，例如，与低学历层次的管理团队成员相比，高学历层次的管理团队成员所接触的社会人员层次可能会比较高，其社会关系网络资源相对也会更加丰富，对外部资源的获取就较容易。另外，高学历层次的管理团队成员的素质可能会更高，其管理方式和理念与低学历层次的管理团队成员相比，也可能会更加科学，这些都有可能使高学历层次的管理团队所管理的企业取得比低学历层次的管理团队所管理的企业更加优异的企业绩效，并进而降低企业陷入财务困境的概率。

综合以上分析，我们认为，企业管理者的背景特征影响着他们的决策行为，不同行为选择造成了企业间绩效上的差异，且其中的一些行为选择最终使企业陷入了财务困境。另外，虽然考虑到管理者决策行为选择的表现形式多种多样，但是对一个企业而言，融资决策与投资决策是至关重要的两种决策行为。因此，在接下来的研究中，我们将选择资本结构与过度投资两种企业行为来分别作为融资决策和投资决策的替代变量，用以考察高管团队的背景特征是怎样决定着他们的选择行为，以及不同的选择行为又是如何导致企业陷入财务困境的。

1.2.5 资本结构

Modigliani 和 Miller（1958）自从发表了其在资本结构领域具有开创性著作《资本成本、公司财务和投资理论》以来，关于资本结构的理论研究就得到了迅速发展。西方学术界一般把资本结构看作股票与债券之间的比例关系。后来它又从资本结构的治理角度加以区分，把资本结构分为股权与债权的结构、股权内部结构和债权内部结构，通过对这些结构的调整可以起到重新配置控制权的作用。

孙杰（2020）认为，可以把当前学术界与实务界对资本结构的定义归纳为四种：①学术界一般将公司的资本结构看作公司资产负债表中股东权益与负债的比例关系，习惯上还被称为融资结构、财务杠杆或财务结构。这是对资本结构最常见的定义，也是对资本结构的一种广义定义，因为它涵盖了企业资产负债表右边负债和所有者权益的全部内容。②狭义的资本结构将公司资本从股权资本扩展到了债权资本，并且集中研究了债权资本中各个组成部分之间的比例关系，通常被称作债务结构。但是，由于在公司中股东利益所占据的主导地位，在实际的研究中，对公司债权资本结构的研究往往是与上面所提到的两种资本结构的研究联系在一起的。③狭义的资本结构是将其仅仅定义为公司资产负债表中的股东权益。此种资本结构的定义仅仅指的是公司股权资本中各个组成部分之间的比例关系，通常也被称作股权结构或所有权结构。④为了适应新经济时代知识和人力资本在公司发展中的重要性，以及考虑到公司之间对人力资本的激烈争夺，资本结构还应该包括实物资本与人力资本之间的比例关系（Zingales，2014）。这是当前有关资本结构最宽泛的一种的定义。Masulis（1983）认为，资本结构涵盖了一个公司的公募证券、银行借款、私募资金、纳税义务、往来债务、养老金支出、租约、管理层和员工的递延补偿、产品售后服务保证、绩效保证以及其他或有负债在内的部分。张维迎（1998）把企业资本结构定义为全部资金项目的组合及其之间的相互关系。而在另外的一些文献中，资本结构也常与融资结构、财务杠杆、财务结构等概念不加区分地使用（马辉，2018）。

考虑到中国上市公司当前债务融资的实际情况，结合本书的研究目的，接下来我们将用资产负债率指标来作为资本结构的替代变量，并以此来研究高管团队背景特征、资本结构与财务困境间的关系。

1.2.6　过度投资

关于过度投资的界定，不同学者给出了不同的判别方法，归纳起来主要有以下两种：

一种是将企业的投资规模与自由现金流进行比较。因为企业进行投资时，离不开可自由支配的现金流。自由现金流即为企业过度投资的主要资金来源，因此，自由现金流和企业投资规模之间的关系也就自然地成了判断企业过度投资的重要依据。Jensen（1986）把过度投资定义为企业将自由现金流投向净现值（NPV）为负的项目。Lang 和 Lizenberger（1989）则把过度投资界定为，因拥有大量的自由现金流，以至于企业会接受一些 NPV<0 的投资机会的投资。Miguel 和 Pindado（2021）通过比较自由现金流均值与企业当年的投资规模来判断企业是否存在过度投资行为。潘敏和金岩（2017）从投资决策效率化的角度出发，将过度投资界定为将资金投资于各种效益不理想的新项目之中，甚至会将资金投资到一些企业原本并不熟悉且与企业的主营业务毫不相干领域的投资行为。

另一种是将实际投资额与理想投资额进行比较。该方法认为，企业的投资规模与其所处的生命周期及成长特征之间应存在一定的关系，因此可以通过建立企业的成长性与其投资规模之间的回归方程，从而找出两者之间的联系，并据以进行理想投资额的预测。如果实际投资额大于理想投资额，则表明企业存在过度投资的行为。Richardson（2016）将过度投资界定为，超出企业已有资本的保持需要和净现值为正值的新投资后的投资支出。他认为，企业的新增投资支出由两部分组成：一部分为预期的投资支出，与企业的成长机会、融资约束等因素相关；另一部分为企业的非正常投资支出，其既可能为正也可能为负，正的代表过度投资，负的代表投资不足。魏明海（2017）也从类似界定的视角出发，以企业的成长性和投资规模回归方程的残差来作为过度投资的度量标准。秦朵和宋海岩（2018）则认为，假定一个处于完全市场环境下的经济主体，会用成本最小化的方式来确定其适度的投资需求水平，那么此时可将企业的过度投资定义为实际投资水平对适度投资水平的偏离。郑玲（2018）在综合考虑了项目投资的期限，投资行业间的差异和投资收益情况等因素后确定了过度投资行为的判断标准，并认为使用此种方法可以更好地发现进行过度投资的企业。

本书将采用 Richardson（2016）对过度投资的界定方法，建立了一个包括企业成长机会、融资约束、行业等因素决定的投资预期模型，将总投资分解为维持性投资和新实际投资，而新实际投资又由预期投资和非预期投资两部分构成。其中，非预期投资是新实际投资与预期投资之间的差额，即投资模型的回归残差值，正残差代表实际投资超过预期投资的部分，为过度投资，而负残差代表实际投资低于预期投资的部分，为投资不足。借助这个模型构建了一个基本框架，来度量自由现金流量和过度投资。

1.3 研究方法及思路

本书的研究框架见图1-1。

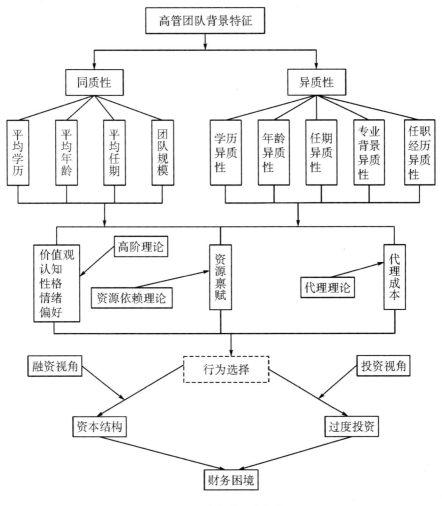

图1-1　本书的研究框架

（1）在理论研究阶段，本书采用了以文献分析为主的规范分析方法。通过对本书所涉及概念的界定，以及对高管团队背景特征、过度投资、资本结构、财务困境成因等领域文献的全面梳理，本书构建了高管团队背景特征通过影响他们的决策行为，并进而导致企业财务困境发生的理论分析框架。在这个过程中，笔者将高阶理论、代理理论、资源依赖理论等有机结合在了一起。

（2）在数据获取阶段，本书主要通过上海证券交易所、深证证券交易所、国泰安数据库、聚源数据库、金融界网（www.jrj.com.cn）、巨潮资讯网（www.cninfo.com.cn）等渠道进行搜集，并进行了手工整理。

（3）在经验分析阶段，本书通过建立实证模型，运用 EXCEL 和 STATA 等软件进行数据处理。

本书的研究思路可归纳如下：

（1）所有的企业都由人在经营和管理，无论企业是成功还是失败，人在其中都起着举足轻重的作用。因此，本书从高管团队背景特征的视角出发，在结合高阶理论、代理理论、资源依赖理论等已有成果的基础之上，认为企业高管团队的背景特征将从同质性和异质性两个方面，对高管的价值观、认知、性格、情绪、偏好等，以及高管所具备的资源禀赋与代理成本产生影响。

（2）高管在价值观、认知、性格、情绪、偏好、资源禀赋、代理成本等上的差异，将导致他们在决策行为上的区别。高管不同的决策及行为，将造成企业不同的结果，有些企业会不断发展壮大，有些企业却渐渐陷入衰退，并最终导致企业财务困境的发生。

（3）高管的行为决策表现形式多种多样，但对一个企业的成败而言，笔者认为，投资决策与融资决策是高管所有决策行为中至关重要的两种。因此，本书选择了过度投资与资本结构两种高管行为来分别作为融资决策和投资决策的替代变量，用以考察高管团队的背景特征是如何影响他们的行为，并进而导致企业陷入财务困境的。

1.4 本书的创新之处

（1）在现有的研究中，绝大部分或从外部经济环境的角度出发，或从企业内部治理的角度出发，来对财务困境的成因进行解释。目前，还没有专门的研究是从管理者自身的角度出发，来对财务困境的成因做出解释的。本书首次从高管团队的背景特征出发，采用实证检验的方法分别就高管团队背景特征的同质性和异质性与企业财务困境间的关系进行了较为深入的研究。

（2）本书在对企业财务困境研究时首次引入了行为选择的概念。并试图从高管团队决策行为的角度，来对企业财务困境的演进路径进行追踪研究。最终揭示出了高管团队的背景特征与企业投资、筹资及由此导致的与企业财务困境发生的传导关系，并对企业管理层的构建提出政策建议。

（3）本书在对高管团队背景特征变量的研究描述上，与以往研究相比，更加系统和全面。书中不仅包括了高管团队的同质性变量，而且涵盖了高管团队的异质性变量。

2 文献综述

2.1 高管团队背景特征方面的相关研究文献

在高管团队的研究领域中，相关研究者主要是从五个维度进行研究的，即团队组成、团队关系、团队过程、团队激励和领导模式。团队组成主要研究高管团队的背景特征及心理特征；团队关系主要研究团队成员角色及角色间的关系；团队过程主要研究团队成员间的沟通与冲突；团队激励主要研究薪酬结构特征以及团队成员的职业发展方式；领导模式主要研究在既定目标下，公司最高管理者的领导风格及行为、公司议事日程和最高管理者对高管团队成员及企业文化发展的领导能力。由于以上五个维度的研究内容不同，所以各维度研究的侧重点也会有所差异。本书重点研究高层管理团队的背景特征对企业财务困境的影响，以及这种影响是通过怎样的传导机制来实现的。

基于此，在接下来的研究中，本书主要针对高管团队组成维度来展开。对于高管团队组成的研究，一般又分为高管团队的背景特征变量与高管团队的心理特征变量两大类型的研究。高管团队的背景特征变量主要包括团队年龄、性别、规模、学历、专业背景、工作经历等；而高管团队的心理特征变量则主要包括团队价值观、认知模式、性格、经验等。在一般情况下，高管团队的背景特征变量具有一定的稳定性与可持续性，是对高管团队进行刻画的重要手段，而且其数据易于获得，也比较准确；高管团队的心理特征变量往往具有变化性和情境依赖性等特点，会随着高管团队成员所处的情境环境和所接触的事物的改变而改变，因此其数据也具有易变性和不确定性的特点。此外，高管团队的背景特征变量还被认为是其心理特征变量的"反射镜"，所以，本书主要是通过高管团队的背景特征来进行研究的。并且对这些特征变量的研究都是从两个方面进行着手的：一方面研究背景特征变量的同质性，另一方面研究背景特征的异质性。以下的文献综述也是从这两个方面进行归纳的。

2.1.1 年龄特征

Carlsson 和 Karlsson（1970）、Vroom 和 Pahl（1971）的研究表明，年龄越大的管理者越倾向于采取低风险的决策。Carlsson 和 Karlsson（1970）认为，对于年长的管理者来讲，可能会把财务与职业安全看得更加重要。年长的管理者，一般都已经拥有稳定的社会活动圈，其消费特征相对单一，外加上对退休收入的期望，可能他们更愿意维持现状，采取保守战略，所以他们会避开一些带有毁灭性的风险行为。Taylor（1975）认为，随着年龄增长，人的体力、脑力、精力和学习能力均会呈下降趋势，同时更为呆板，对变化的适应度也越来越低，在决策时整合相关信息的能力较弱。Bantel 和 Jackson（1989）认为，年龄越大，就越倾向于制定保守的企业战略来回避冒险，使得所执行的企业战略变化较少，从而导致企业丧失较多的市场机会；同时，年轻的高管尝试创新的冒险行动意愿较高，而积极创新和冒险才有可能带来高回报率，而风险规避只能给企业带来低回报率。Wiersema 和 Bantel（1992）认为，在年长的管理者的眼中，财务安全处于极为重要的位置，他们对许多比较有风险的行为和战略视为对安全的威胁，所以会采取较为保守的战略来回避风险。Wiersema 和 Bantal（1992）指出，年轻的管理者更加容易改变战略，而年长的管理者则不太愿意采用新观点或新举措。这主要是，年长的高层管理者可能由于精力、体力和学习能力下降，决策时整合信息的能力较弱，他们更愿意依靠过去的经验，做决策时信心不足，不愿意尝试改变，更关注自身的经济利益和职业的稳定性，倾向于采取风险较小的决策；年轻的高层管理者具有更强的适应能力，企业战略更容易发生改变。Tihanyi 和 Ellstrand（2020）认为，平均年龄低的高管团队对于在复杂环境下管理企业的自信心会更强，更愿意推进企业的国际化经营。他们在越来越激烈的市场竞争中，拥有先天的年龄优势，即他们更容易接纳新鲜事物、新的思想、新的行为方式等，此外，年轻的管理者对技术与市场环境变化的感知往往要快于年长的管理者。Tihanyi 等（2012）发现，高管团队成员平均年龄越大，制定的企业战略就越保守，从而使得企业丧失市场机会。魏立群、王智慧（2016）

的研究表明，高管团队成员的平均年龄越大，公司的绩效也就越好。尚晓玲（2018）在研究我国转型期的企业时提出，虽然我们强调我国转型经济中应变能力的重要性，此时年轻的高管有优势，但是我们不得不承认随时间而积累的关系和经验也极为重要，此时年长的高管有优势。

Zenger 和 Lawrence（1989）的研究表明，项目团队年龄异质性与团队小组内部的经常性技术交流呈负相关关系。Crocker 和 Major（1989）的研究发现，高管团队年龄异质性将会导致高管团队成员间的相互交流与合作减少，高管团队内部的凝聚力下降，高管团队成员的满意度降低，从而引起团队内部成员间的冲突。Reilly 等（1989）、Wiersema 和 Bird（1993）的研究则表明，高管团队成员的年龄差异性程度越高，高管团队成员的离职率就越高。Cox（1994）认为，若高管团队由不同年龄段的成员组成，高管团队内就会具有不同的经验和观念，这样可能会使企业做出高质量的战略决策，因此，Cox 认为，与同质性团队相比，异质性高管团队的效率会更高。Milliken 和 Martins（1996）也认为，高管团队年龄异质性对团队决策水平和企业绩效有很大的促进作用。Pelled（1997）认为，高管团队年龄异质性与企业的绩效呈现出二次曲线的关系，即当高管团队成员的年龄异质性程度较低，成员间的情感冲突较少时，就不会影响企业的绩效，但是低异质性高管团队的创新性也非常差；当高管团队成员的年龄异质性程度达到适当的程度，团队内部的异质性作用得到发挥时，高管团队成员间认知的差异化、多渠道的信息来源，以及创新性的战略决策就会提高企业的绩效；而当高管团队成员的年龄异质性程度超过一定的限度，团队内部的社会同一性冲突过程的副作用会逐渐显现；当创新性决策的积极影响渐渐消失时，由于成员之间的情感冲突不断增加，相互交流开始减少，企业绩效跟着就会下降。Tihanyi（2014）指出，年龄异质性是高管团队背景特征里影响战略决策过程的一个重要因素之一。Richard 和 Shelor（2016）的研究发现，高管团队成员的年龄异质性程度与企业的资产收益率负相关，支持了社会同一性理论；同时，年龄异质性程度与销售增长正相关，又支持了信息决策理论。他们还发现，年龄异质性程度与销售增长是曲线的关系，在高管团队的年龄异质性程度较低和中等程度时，与销售增长负相关；而在高管团队的年龄异质性程度很高时，与销售增长存在正相关关系。这表明，解释年龄异质性影响的两种理论都有效，也说明为什么年龄异质性在不同的研究中表现出不同的结果。李玮文（2020）的研究发现，高管团队的年龄异质性对战略变化有正面的影响。陈忠卫、常极（2019）的实证分析发现，公司绩效与高管团队成员的年龄异质性正相关。

2.1.2 性别特征

Kanter（1977）的研究认为，公司中过低的女性比例，将对公司的产出带来负面的影响。Boden 和 Nucci（2017）在一项调查中发现，与男性企业家管理的企业相比，由女性企业家管理的企业则更容易在行业中出现维持的现象。Richard 和 Chadwick（2016）的研究发现，高管团队的性别与公司文化等具有一定的相关性。郭敏华等（2019）的实证检验发现，不论是投资交易行为还是个人内在的投资心理倾向，男女之间均存在显著的差异。在投资行为中，男性比女性表现出更强的进取性，或者说男性比女性具有更大的风险偏好，因此，对所面临的投资风险，男女的感知存在较大的差异。除上述原因之外，还有可能是由于男性在投资中的表现往往比女性更加自信。但事实证明，这种过度自信一般并不是建立在对市场更强的把握之上的。当产生过度自信时，管理者往往较容易被市场上繁杂的"消息"误导。

2.1.3 专业背景特征

随着对高管团队研究的展开，越来越多的学者意识到，高管团队成员的专业背景体现了团队成员所拥有的专业技能，并影响着他们的价值观和对社会的认知。Hambick 和 Mason（1984）的研究表明，企业的战略决策、经营绩效等组织结果的变化与高管团队成员的专业背景有着密切的联系。Bantel 和 Jackson（1989）认为，高管团队专业背景异质性与企业的创新绩效间存在显著的正相关关系。Bantel 和 Jackson（1989）对小型银行进行研究时发现，高管团队成员在专业背景方面的异质性越强，就越能够产生好的战略决策。同时相关研究也说明各种专业人士的共同讨论能够准确评估现有战略、更大范围地产生可供选择的战略方案。Porter（1990）的实证研究显示，具有创新性特征的高管往往具备科研人员或技术专家的背景，产品创新战略的成功实施与具有技术性背景特征的高管之间呈现出显著正相关关系。Hambrick 和 aveni（1992）认为，高管团队成员的专业背景特征可分为两类：一类是生产、设计、营销、管理等方面的技能，这些专业技能背景并不能为公司的发展提供持续的竞争力；另一类主则是金融、会计、法律等技能。Hambrick 和 aveni 认为，第二类专业技能才是公司成功需要的最为关键的能力。Wiersema 和 Bantel（2002）认为，鉴于科学和工程领域更为关注生产研发上的流程、创新，并会对其进行持续不断的改进，因此，拥有科学和工程类专业背景的高管更能够接受战略上的改变，所以，这类企业也更容易成功。另外，科学和工程类专业背景的高管还有助于产品向多元化方向发展。Michel 和 Hambrick（2002）指出，在一般情况下，对施行相关多元化或者是单一经营战略的企业来说，高管团队成员所需的专业背景主要是与企业所经营的业务相关的，这时高管团队专业背景人员能够为企业做出更大的贡献；而对施行了非相关多元化战略的企业来说，高管团队成员所需的专业背景应该是具有经济管理类背景的人员，这时拥有与具体经营业务密切相关专业背景的高管，对企业的作用就不会太大。Hambrick 和 Aveni（1992）以破产企业为对象，所得出的研究结果显示，破产企业往往具备相同的一个特点，那就是普遍缺乏拥有各种核心技能的专家。Wiersema（2005）认为，一个人的专业背景与他所具备的专业技能，以及由此产生的偏好、认知、价值观等密切联系在一起，并由此会对企业的战略选择、绩效等产生影响，高管团队专业背景异质性程度越大，越容易获得一系列多元化信息、技能和观念，从而拥有更加广泛的关于战略方案制定的设想，所以高管团队专业背景异质性程度越高，企业发展战略的变革能力就越强，适合带领企业进入新的国外市场。Hambrick 等（2009）发现，高管团队专业背景异质性程度与应对竞争变化所需的更高水平的进取性正相关。Amason 和 Sapienza（1997）也认为，高管团队成员专业背景异质性有利于提高企业的决策质量，因为异质性的高管团队能够从不同的角度来对一个复杂的问题进行审视，所以，高管团队专业背景异质性，可以为企业解决复杂问题的能力带来创造力（Polzer 等，1998）。Nonaka 和 Konno（1998）的研究结果显示，拥有科学和工程类专业背景的企业家，在利用社会网络，对企业所掌握的知识、技术等资源进行相互交换、系统整合、扩展创新方面具有明显的优势。Knight（1999）认为，当高管团队教育背景异质性较大时，容易产生冲突和分歧，决策的质量较差，影响公司绩效。Simons 等（1999）的研究发现，高管团队专业背景异质性与企业绩效显著正相关。Tihanyi 等（2014）认为，高管团队专业背景异质性与公司国际多元化程度正相关。Bunderson 和 Sutcliffe（2017）认为，高管团队专业背景异质性是把"双刃剑"，它在某些情景下和对于某些过程或绩效变量具有正面意义，但在另一些情景下和对于另一些过程或绩效变量则具有负面意义。Carperten（2021）认为，高管团队专业背景异质性可以使得各种专业的人士共同讨论，这有利于企业对现有战略进行准确的评估，并在更大范围内产生可供选择的战略，以及对这些战略进行多方面的比较。因此，异质性的高管团队在复杂的环境中，对企业绩效的影响会更大；具体到企业国际化战略的影响，实证研究的结果还表明，在国际化程度高的企业中，高管团队教育专业异质性与企业绩效的正相关关系更加明显。Carmen 等（2015）认为，高管团队专业背景异质性越强，则高管团队对变化和创新的理解及必要性认识越深刻，解读信息的能力就越强，透彻分析复杂问题的能力也会更强。刘树林等（2022）的研究还发现，不管是在市场份额还是在利润方面，高管团队成员专业背景的差异性都与绩效的提高正相关。Shipilov 和 Danis（2020）认为，由声望很高的社会经济学背景的管理者组成的高管团队将拥有更多的社会资本，进而取得更好的公司绩效。李华晶、张玉利（2019）的实证结果显示，具有创新性的企业家或战略决策者往往具有科研人员和技术专家的特征。贾丹（2018）的研究发现，高管团队专业背景异质性与企业绩效显著正相关。

2.1.4 学历特征

Becker（1970）指出，高管团队成员学历水平与组织变革和创新能力之间是密切相关的。Kimberly 和 Evanisko（1981）则发现，学历程度较高的管理团队更倾向于采用管理创新和技术创新。Hambrick 和 Mason（1984）认为，高层管理团队成员学历与创新力呈正相关关系。Hambrick 等（1984）、Cho 等（1994）认为，高管团队成员的平均学历水平越高的企业，其对战略行动结果的可预见性越高，所涉及的范围越广，反应速度越快，在遭到竞争对手主动进攻时，学历水平高的高管团队比学历水平低的高管团队反应会更加迅速。因此，他们认为，学历水平的高低将在一定程度上决定高管决策及预见能力的强弱。Bantel 和 Jackson（1989）在一项针对银行的研究中发现，平均学历水平高的高管团队与该银行的创新能力正相关，且平均学历水平高的高管团队更倾向于采取重要的战略决策，以获得企业的长期发展能力，其在执行战略变革时也更加成功，获得好的绩效概率会更高。Jackson（1989）在关于大银行样本的研究中发现，高管团队成员的受教育程度越高，对公司的战略变化以及开展差异化经营就越有利。Wiersema 和 Bantel（2002）的研究表明，高管团队成员的平均学历水平与团队战略变化正相关。Bantel（2003）认为，平均学历水平高的高管团队更容易成功施行战略变革，高管团队平均学历水平对企业战略变化的影响最大。Smith 等（1994）认为，个人的学历水平与灵活应变及信息处理能力呈正相关关系，而且这种从教育中获得的道德观念，以及价值观也会在高管层中进行传播，从而全面影响团队绩效。Smith（1996）认为，个人的学历水平与一个人的知识和技能是直接联系在一起的，因此，个人的学历水平被认为与其灵活应变以及信息的处理能力之间呈正相关关系。Pesels 和 Yang（2020）的研究也发现，高层管理团队成员平均学历水平越高，他们聚集战略资源的效率相对也会更高。Tihanyi（2014）认为，高管团队的学历水平越高，团队获得的有效信息也会越多，聚集战略资源的相对效率会越高，越有可能制定和执行有利于企业发展的投资战略。Shipilov 和 Danis（2016）从社会资本的角度进行分析后认为，学历水平较高的高管团队，将会比学历水平低的高管团队拥有更多的社会资本，而高管团队所拥有社会资本的多寡，则是能否取得最优公司绩效的关键因素之一。王瑛等（2023）在探讨了管理者的学历与企业创新策略及企业绩效的关系后认为，在管理者学历水平低的企业中，产品创新策略与绩效之间呈显著负相关关系，而在管理者学历水平高的企业中，产品创新策略与绩效之间呈显著正相关关系；在管理者学历水平高的企业中，其创新策略与研发投入强度之间呈正向关系，而在管理者学历水平低的企业中，其创新策略与研发投入强度之间呈负向关系。胡荣（2023）的研究也发现，关系主体的学历水平越高，他们在社会交往上的参与程度也越高，所交往对象的社会层次也会越高。姜付秀等（2019）的研究表明，企业高管团队的平均学历水平越高，越不会做出过度投资的决策。这是因为受教育较多的管理者，可能在做决策时会更加理性。

Smith（1994）认为，高管团队成员学历水平的异质性，能够为团队提供多元化的信息，对于所发生现象的理解也会更深，从而能够提高战略决策的质量以及企业的绩效。Knight（1997）则认为，高管团队成员间的学历水平差异越大，越容易产生冲突，高管团队对于战略制订程序、战略目标、战略计划上的分歧就越大。Simon 等（2006）发现，高管团队学历水平异质性优势的发挥与团队内部的讨论呈正相关关系，高管团队内部的适度讨论，强化了学历水平异质性的积极影响。如果没有讨论，由高管团队学历水平异质性导致的认知差异，就会只是停留在初始阶段，不会形成相互观念的交流、融合；而高管团队成员之间的相互讨论，使得各成员遇到新的观点、信息时，会重新审视他自己的观点和思考是否忽略了关键的影响因素。李玮文（2006）的研究发现，高管团队成员之间学历水平异质性与企业的战略变化之间呈正相关关系。肖久灵（2016）的研究也表明，高管团队成员学历水平异质性能够使高管团队成员从不同的角度去看待各种问题，因此，也更能激发增强高管团队成员的创造能力，使之产生更多的创新观点及对问题的解决方案，进而将能够促进高管团队整体效能的提升。胡蓓（2018）的研究发现，高管团队成员的学历水平异质性与企业的战略决策正确性呈负相关关系。谢凤华等（2018）则发现，高管团队成员学历水平异质性与企业的研发绩效、生产制造绩效以及创新过程绩效等都呈正相关关系，但对营销绩效却没有显著影响。

2.1.5 团队规模特征

Schoonhoven（2011）认为，大团队在获得较多的能力与资源的同时，也增加了团队内部进行顺畅交流和良好合作的困难。Manjuka 和 Baldwin（1991）认为，高管团队人数的增加尽管能为团队带来更多的资源和技能，但也可能会导致团队内部出现交流和协调的障碍，从而降低团队的凝聚力和满意度。Hill（1989）、Jackson（1992）认为，与小团队相比，大团队拥有更多解决问题的资源和能力，据此能够提高企业绩效。Hambrick 和 Avenis（1992）认为，高管团队所拥有资源的多寡，主要取决于团队组成人数的多少。因此，众多研究发现，高管团队的人数是处理信息和制定战略决策时的重要资源，人数多代表了高管团队解决问题时的资源丰富，更有可能做出高质量的决策。Haleblian 和 Finkelstein（1993）认为，大团队具备四个方面的优势：①高管团队较多的成员会增加团队信息来源的数量；②在分析和讨论的过程中，大团队参与的人员较多，这增加了企业改正判断失误的机会；③大团队提高了针对某一问题的理解能力；④大团队增加了可供选择的战略解决方案。总之，大团队在解决问题的能力及拥有的资源方面都优于小团队，这能保证大团队做出高质量的决策，从而提高企业绩效。Smith（1996）的研究发现，高管团队的规模越大，团队内部成员的非正式交流就会越少，团队的内部整合程度就越低，企业的绩效就会受到影响。Sanders 和 Carpenter（2018）认为，高管团队规模的扩大使更多团队成员参与公司决策，这样就会降低高管团队解决复杂问题的能力和速度。Carpenter 等（2011）发现，高管团队的规模越大，对企业的绩效越具有积极影响。Srivastava（2015）认为，高管团队的规模越大，对新产品开始流动的安排就会越早，流动时间也越快，企业成为领导者的可能性就越大。Rivastava 等（2015）认为，规模较大的高管团队，意味着拥有更为广泛的社会关系网络，能够实现从更加广阔的领域中为企业的战略决策搜寻信息。这表明，规模越大的高管团队，对信息的处理能力就越强，使得企业能够最大限度地参与到新产品开发和监控中去，这将会对企业创新产生积极的影响。

2.1.6　任职经历特征

Hayes 和 Abernathy（1980）认为，拥有财务职能背景经验的管理者一般将企业看成资源的组合，不需要与单独的业务线相联系；企业可以看成多个业务单元的投资组合，这样的企业更倾向于强调进行较多的多元化探索。Katz（1982）的研究发现，高管团队成员不同的从业经历，增强了高管团队对面临的问题多层面解读能力，进而使高管团队能够制定出多种解决方案，并对制定出的解决方案进行多角度评价，从而提高了企业决策的质量。Hambrick（1984）认为，高管在不同行业、不同企业以及同一企业不同部门的任职经历，影响了他们的知识结构、观念和工作取向。Weick（1987）认为，由不同从业经验背景的人员组成的高管团队，不但能够观察到外部环境中的各种事件，而且能够注意到同一事件的不同方面，因此，高管团队所能获得的信息，要远超个体单独得到的信息。Lant 等（2012）通过行业背景来研究职业背景，他们认为，具有多种行业背景的高管团队能够对环境进行更加有效的审视，始终对环境的变化保持高度的警觉性。Ancona 和 Caldwell（2012）认为，具备不同任职经历的人员组成的高管团队成员之间有机会分享他们来自不同行业的经验和思维，这有利于他们更好地对未来进行预测以及应对环境变化，从而提高企业战略决策的柔性。Sutcliffe（1994）的研究发现，高层管理团队的职业背景异质性程度越高，高管团队对于外部环境中机会的识别能力越差，原因可能是高管团队的职业背景异质性阻碍了团队内有效的交流。Hambrick、Cho 和 Chen（1996）的研究表明，无论是从企业的市场占有率还是从企业的利润上来讲，高管团队任职经验的异质性都发挥了积极的影响。Carpenter（2014）

的研究发现，高管团队的职业背景异质性程度与企业绩效在国际化程度低的企业中是负相关关系，这种关系在团队任期短的企业中表现得更加明显；而在国际化程度高的企业中，高管团队职业经验的异质性程度与企业绩效是正相关关系。Kor（2013）通过研究成功的创业型企业后发现，在企业创始人为高管团队成员之一的情况下，高管团队工作经历的异质性越低，越有利于创业型企业发展壮大并取得良好的经营绩效。Lee 和 Park（2016）认为，高管团队的任职经历背景特征与企业的国际化战略存在相关性。张平（2016）的研究结果表明，高管团队的任职经历背景特征的异质性与企业绩效负相关。陈伟民（2019）的研究发现，我国上市公司高管的任职经历背景特征的异质性，对企业绩效起着显著的促进作用。

2.1.7　任期特征

Katz（1982）的研究发现，高管团队成员的任期越长，团队成员间的沟通与磨合就会越多，所以就更有利于减少内部间的冲突，并维持高管团队的稳定，企业的绩效也将得到提高。Katz（1982）认为，高管团队成员的任期与绩效呈倒"U"形关系。他指出，在融合期和革新期，随着高管团队成员的不断融合，各自发挥出不同的专长。但 2~5 年以后，高管团队进入了稳定期，高管团队成员会逐渐变得缺乏适应性和创新性，此时高管团队的绩效将会开始下降。Reilly 等（1989）的研究表明，与高管团队其他成员任期相近的管理者对团队的忠诚度越高，高管团队任期的同质性越高，成员更换的比例越小。Bantel 和 Jackson（1989）认为，若高管团队成员的平均任职年限过长，将可能会产生圈内思维，从而导致排斥外部观点和印象的风险产生。Finkelstein（1990）的研究发现，高管团队成员的平均任期与企业战略的正确制定和执行、企业绩效的增长均呈正相关关系，因为高管团队成员的任期越长，高管团队内部会越稳定，成员间的冲突就会越少，相互间的沟通却会增加，企业的整体效率将显著得以提高。Smith 和 Olian（2000）认为，高管团队成员任期对组织战略、绩效等有着显著的影响。Finkelstein 和 Hambrick（2000）的研究表明，随着高管团队成员任期的增加，高管团队成员逐渐表现出对风险的厌恶趋势，信息处理的限制也开始增加，企业战略过于谨慎、保守，业绩开始趋于维持的现象也十分突出，因此他们认为，高管团队成员的任期过长，就有可能带来负面影响。Grimm 和 Smith（1991）对高管团队成员任期的研究发现，当高管的任期增加时，他们开始趋于对企业发展战略做较少的调整。Hambrick 和 Aveni（2012）在比较了破产企业与成功企业间的高管团队特征差异时发现，破产企业高管团队成员的平均任期明显要短。由此，他们指出，高管团队成员的平均任期如果太短，有可能会使团队内部成员间的相互理解不够，缺少足够的时间来收集整合信息，成员间的沟通交流也没有充分进行，这将大大提高企业战略决策失误的概率。Michel 和 Hambrick（2006）认为，任期较长的高管团队通常能够采取以产业发展为中心的持久战略，表现出来的绩效与行业平均水平相近。Michel 和 Hambrick（2006）发现，在高管团队成员任期过长的组织里，往往会有组织内的小团体出现，在小团体内部，兄弟般的情感代替了高管成员间的个体差异，从而弱化了成员间背景特征的互补性，这会导致他们对当前战略行为的承诺与依赖，并出现战略选择上的路径依赖现象，这将不利于企业在发展战略上的创新。Michel 和 Hambrick（2006）指出，具有较高平均任职年限的高管团队，具有更高程度的社交内聚力和决策的一致性。这是由于高管团队成员任期时间越长对价值观、规则和战略内涵的信任程度越高，越能够在组织的整体信息系统中被充分社会化。Sutcliffe（2009）的研究表明，高管团队成员的任期与团队识别外部环境中存在的机会的能力正相关。Finkelstein 和 Hambrick（1996）认为，如果高管团队成员任期时间短，可能会存在对外部环境中的机会、威胁认识不够或不敏感状况，从而导致企业战略决策失误的概率较高；但如果高管团队成员任期时间长，高管对企业各种资源的认知程度逐渐加深，其对外界环境的识别能力就会增强。Timmons（2013）认为，内聚力强的高管团队能够带来高绩效的企业。Barker 和 Mueller（2016）发现，任期长的高管团队对通过投资研发而追求创新的战略不感兴趣，他们将更倾向于强调稳定和效率；与之相反，任期短的高管团队将更加愿意承担风险，并把更多的资源投入研发中去，因为他们急于用一些成果来证明自己是能够胜任的在职者。Ensley 等（2015）认为，平均任职年限越长的高管团队具有越强的团队内聚力。Srivastava（2017）认为，高管团队成员平均任期越长，新产品的流动安排则会越迟，流动时间会更慢，企业成为行业领导者的可能性越低。李玮文（2019）的研究结果发现，高管团队成员的平均任期对战略变化有负的影响。

Dutton（1987）认为，由不同任期的成员组成的高管团队，将具备多元化的信息收集途径及对信息的多角度阐释，能够产生多种战略方案，并可对这些方案进行全方位的评估，从而保证了决策的高质量，促进了组织的健康发展。Smith 等（2006）也认为，高管团队成员任期异质性较高的团队，在社会关系网络及组织经验方面，可能会更具有多元化的价值。Finkelstein 和 Hambrick（2008）研究了高管团队的任期与战略决策间的关系后发现，由于高管进入高管团队的时间不同，他们所经历的企业的发展阶段和事件互异，导致他们对组织本身及战略的理解不同，因此，由不同任期成员组成的高管团队，具有多元化的信息收集途径，以及对所获信息的多层次理解，从而能够产生多种战略方案，并能够对其进行全方位的评估，这就保证了决策的质量，促进了组织的健康发展。Keck（2009）发现，高管团队成员任期异质性与企业绩效呈负相关关系，尤其是在复杂动荡的外部环境下，这种负相关关系会表现得更为显著。Boeker（2009）的研究表明，高管团队任期异质性，增加了企业打破原有管理模式、重塑发展战略的机会，高管团队成员任期异质性程度越高，企业发展战略的改变程度也越高。Athanassion（2013）的研究发现，高管团队成员任期与他们所拥有经验和关系网络成正比，团队成员的任期将影响他们所提建议的重要程度和效用，因此，由不同任期的成员组成的高管团队，能为企业开拓国际市场提供更丰富的选择方案，其国际化战略决策水平也更高。Priem（2012）指出，任期同质性的高管团队，可能缺乏多元化的有效观点，而任期异质性的高管团队则拥有更加丰富的社会经验和组织经验，从而可以形成多元化的创新观点。Tihanyi（2015）认为，由不同任期的成员组成的高管团队，由于其丰富的社会经验和企业实践，能够更好地控制企业在国际化进程中所遭遇的风险及不确定性，且更愿意不断推进企业的国际化进程，即高管团队的异质性程度越高，企业的国际化程度也越高。Carpenter（2016）发现，在国际化程度高的企业中，高管团队任期异质性程度与企业绩效负相关。Srivastava 和 Lee（2017）的研究发现，高管团队的任期异质性越大，企业越会倾向于早于竞争对手推出新产品，更有可能成为行业的领先者而不是模仿者。张平（2018）的研究结果表明，高管团队的任期异质性与企业绩效呈负相关关系。陈忠卫、常极（2020）的实证研究发现，公司绩效与高管团队成员任期异质性呈负相关关系。

2.2 企业财务困境成因方面的相关研究文献

当前，国内外有关企业财务困境成因的研究可谓成果颇多，但其中也存在一定的问题，如有些研究把财务比率也当成企业财务困境的成因，我们认为财务比率只是财务困境成因的发展结果，是财务困境成因的表现形式，把其当成财务困境的成因来看待是欠妥当的；另外，还有些研究只考虑财务困境形成的内因，而不考虑财务困境形成的外部环境因素，在有关财务困境内因的研究中，一般也只涉及其中的一两个方面。目前，还未出现一个综合考虑了所有财务困境主要成因的全面研究。通过对相关文献的大量梳理，我们把已有的研究成果归纳如下：

2.2.1 外部环境与企业财务困境

Gumming 和 Saini（1995）对日本与英国的研究发现，宏观经济因素影响公司的现金流量，他们认为公司陷入财务困境的主要原因是对商品需求的不足与国家货币政策的不合理。Rose 和 Giroux（1982）在检验了 28 个经济周期指标的基础之上，得出了国内生产总值（GDP）、商品零售额、失业率等指标对公司财务状况具有显著影响的结论。Altman（1983）发现，处于经济衰退期的公司更容易陷入财务困境的状态。Mensah（1984）指出，外部的经济动态因子将会影响公司的财务状况。Kunt 和 Detragiacche（1999）的研究发现，低经济增长率和高通货膨胀率是银行财务困境发生的主要诱因。Wruck（1990）认为，企业财务困境主要是由经济不景气、企业管理不善和其所在的行业进入衰退期所导致的。Platt 和 Platt（2020）则认为，某些外在经济因子，如通货膨胀、市场利率、行业生命周期、市场竞争的改变、公司经营策略的变更、技术进步等对公司财务困境的发生具有解释力。Honohan（2011）认为，高存贷款比率和银行财务危机的发生高度相关。Jin（2018）则发现，包括公司盈余在内的多个会计变量，与经济周期的变化及企业对经济的敏感性有关，那些经济敏感性强的公司会计盈余，在宏观经济增长期增速更快，而在经济衰退期则会下降得更快。Klein 和 Marquardt（2018）认为，在控制了小公司效应、会计稳健性及公司实力后之后，宏观经济周期对公司亏损有着非常强的解释能力。Gupta

和 Huefner（1972）、Perry 等（1984）、Jackson 和 Boyd（1984）认为，行业变量也是公司财务困境发生的重要影响因素。

2.2.2 公司治理特征与企业财务困境

Jensen 和 Meckling（1976）提出的利益收敛假说认为，当公司股权越是集中在管理者的手中，在管理因支出偏好而造成的公司的价值损失中，需要自身承担的部分将更多，因此，在这种现实状况下，管理者的行为就会更加趋向合理化；另外，当公司股权越是集中在大股东的手中，也会产生较大的诱因去促使大股东加强对管理者的监控，从而使得公司的管理绩效提升，价值增加，因此，在公司的股权越集中时，对公司的价值和绩效及安全性也会产生正面的影响。而公司绩效的提升，其发生财务困境的相对概率就会降低。Ohlson（1980）的研究发现，资本结构、公司规模、公司绩效与当前资产的变现能力等都显著影响公司破产的概率。Demsetz（1983）提出的掠夺性假说认为，公司的股权集中度与公司价值呈负相关关系，即公司的股权越分散，对公司绩效评估就会越好，即公司的所有权与经营权之间的区分越显著，对公司的发展越有利。Jensen（1993）的研究发现，规模较小的董事会更有助于加强对管理者的监督。与此同时，Jensen 还认为，在董事长和总经理两职合一公司中，董事会将难以发挥其应有的监督作用，这势必将会影响到公司的财务状况。Gary 和 Anne（2012）以银行业为基础，考察了董事会结构与公司财务困境间的关系，并通过实证检验得出当总经理与董事长为同一个人的公司发生财务困境的可能性要小的结论。Shleifer 和 Vishny（2015）、La Porta（2012）则认为，随着公司股权结构的集中，将会出现控股股东挪用或侵占公司整体利益的可能性的代理问题，从而产生负的侵占效果，并提高公司陷入财务困境的概率。Fathi 和 Jean-Pierre Gueyie（2014）基于加拿大公司的研究发现，董事会的组成结构与公司财务困境的发生有关。此外，外部董事的所有权及董事的相对地位对公司财务困境发生的概率也有一定的影响。Tsun-Siou Lee 和 Yin-Hua Yeh（2001）基于台湾上市公司的研究发现，控股股东在公司的董事会中所拥有的董事会席位的百分比越高，公司就会越容易陷入财务困境之中。Zhen Wang 等（2022）的研究发现，公司的一些用来反映自身治理机制的变量，对公司财务困境发生的概率有影响，但没有财务杠杆的高低变量，对公司财务困境发生概率的影响大。而在公司的治理变量之中，董事的持股比例与总经理的持股比例对公司财务困境发生的概率影响大。Yeh 和 Lee（2022）的研究发现，公司的董事及监事的股权质押比率越高，他们介入股市的深度就越深，公司绩效也会越差，而且会更容易发生财务困境。La Port 等（2022）从有关投资者保护公司经营状况的研究中发现，投资者保护力度的弱化，已成为当前公司财务风险累积方面的不可忽视的因素。叶银华等（2022）的研究还发现，在公司治理不佳的企业中，大股东会做出持续伤害公司价值的行为，亦即通过挪用公司资金与非常规的关联方交易，从而导致增强公司竞争力的投资的减少，并最终危及公司的生产力和获利能力，当大股东伤害公司价值的金额非常大时，就会增大公司陷入财务困境的可能性。Lemmon 和 Lins（2023）通过研究亚洲金融危机背景下的公司治理特征后发现，公司在治理上的微小疏漏最终将可能会导致其自身陷入严重的财务困境之中。Air-orn 和 Jaikengkit（2020）在研究了控制权集中度、公司的董事会特征、管理者持股与企业财务困境发生概率之间的关系后发现，公司治理中涵盖了与公司失败相关的一些信息。

2.2.3　经营管理与企业财务困境

Tohn（1976）的研究发现，企业财务困境是由八个方面的因素造成的：①企业的会计信息不足及会计信息系统存在缺陷；②企业管理绩效差；③企业对经营环境变化的应对措施不恰当；④经营过度；⑤对环境变化做出反应的公司制约因素；⑥对经营杠杆的过度使用；⑦大项目开发的数量过多；⑧经营过程中的常见风险。Zmi jewski（1984）的研究成果显示，破产企业与非破产企业之间在四类财务比率上有着显著的区别，这四类财务比率分别为投资回报率、企业的财务杠杆比率、股票回报率及固定收入的保障程度。Mensah（1984）发现，造成企业陷入财务困境中的最显著变量为企业的现金流量、企业财务杠杆的运用程度、企业资产的流动性以及股东权益周转比率等因素。Aaquith（2008）则认为，企业发生财务困境的主要成因有三个：①企业经营绩效差；③过高的利息费用；④所在行业产生衰退。Panayiotis 等（2010）在研究了管理的有效性与企业财务困境的关系后发现，无效的管理与企业财务困境发生的概率呈正相关关系。Andrade 和 Kaplan（1998）以高杠杆交易的公司为研究样本，验证了其因财务杠杆程度过高而导致的财务困境成本的上升时发现，样本公司在财务危机发生的前后，其盈利能力下降的幅度为 10%~15%，而总体资本价值下降的幅度则为 10%~20%。Whitaker（1999）的研究显示，大多数陷入财务困境的公司更多的是由于其管理的薄弱，而并非出于经济上的困难。Lubomir（2021）发现，企业的资本结构不合理、资产使用低效率以及管理不善等导致了企业财务困境的发生。Chen 和 Hu（2021）则认为，若控股股东利用其手中所持有的公司股票来作为质押品，通过借款而介入股市时，当公司的股价产生下跌，控股股东因担心股票遭遇断头被卖出，则可能会以侵占公司财富的方式来想方设法维持股价。因此，在由于宏观经济情况不佳而导致公司股价大幅下跌时，控股股东的股票质押比率越高，其挪用公司资金的可能性就会越大，这必将增大公司陷入财务困境的可能性。

2.2.4 超速增长与企业财务困境

Larry Lang（1996）的研究发现，企业的增长速度与存在的经营风险呈正相关关系。Myers（1997）认为，融资约束下企业的超速增长必然会导致高财务杠杆的发生，而高财务杠杆则会通过流动性效应来降低企业债务融资进一步增长的能力，从而增大了企业所面临的财务风险。Hyun-Han Shin 和 RenéM1Stulz（2015）则将公司的价值分解为资产的价值和增长的价值两部分，并通过实证检验发现，企业合理的增长率是可以为自身带来资产现金流的增长的，即企业合理的增长率将会给企业带来更多的价值增长，从而保证了企业持久的增长性；而企业的超速增长，不但不会增加企业的价值，而且会加大企业发生财务困境的可能性。Joseph Fuller（2022）的研究发现，从企业长远发展的角度来看，若一家企业的非理性增长，仅仅是为了让本来不可预期的市场增长，达到预期满意的目标的话，就不惜牺牲企业本身的价值来追逐这个预先设定的目标，那么企业的这种行为必然会造成企业整体价值的毁损，最终也必然会导致企业陷入财务困境之中；如果一个企业的预期增长率超出了行业增长率，不能很好地解释怎样和为什么可以达到这种"超常业绩"，那么这种增长就注定要失败。

2.2.5 国内有关企业财务困境成因的研究

姜秀华、孙铮（2001）在研究弱化的公司治理与公司财务困境发生的可能性之间的关系时发现，股权集中度是公司治理结构的直接表现，其与公司财务困境发生的概率显著负相关。王克敏等（2004）则引入了投资者保护、公司治理、对外担保等因素进行实证研究发现，公司治理上的弱化是公司陷入财务困境的主要原因。白重恩（2014）的研究表明，公司治理水平高的企业市场价值也会更高，他还认为大股东的持股比例与公司财务困境的发生之间存在双重效应。吴超鹏、吴世农（2015）则认为，大股东的持股比例越高，向濒临财务困境的公司输送利益的可能性越大，这将有利于支撑企业走出财务困境。陈燕、廖冠民（2016）的实证研究结果显示，大股东的持股比例与公司财务困境发生的概率之间呈现出先升高而后降低的倒"U"形关系。他们接着指出，通过合理安排公司的治理结构，可以降低公司财务困境发生的概率。江向才、林玓（2016）认为，大股东担任董事监察人、董监事持股、职业经理人担任董事席位数、董事会规模等几项指标可作为财务困境公司是否能转危为安的判断依据。邓晓岚（2017）的研究也发现，物价水平、利率水平的提高及股票价格指数的增长等同公司财务困境发生的概率密切相关。崔学刚等（2017）则认为，企业的超速增长显著地提高了企业陷入财务困境的概率，而且超速增长率与财务困境发生的概率显著正相关。韩立岩和李慧（2019）的研究表明，CEO权力的大小是企业财务困境是否发生的重要影响因素，且与公司的绩效呈现出显著的正相关关系。姜付秀等（2019）通过实证检验表明，过度自信的管理者所实施的扩张战略会增加企业陷入财务困境的可能性。

2.3 有关资本结构的研究文献

资本结构，习惯上也被称为融资结构、财务结构或财务杠杆。当前，我国有关资本结构方面的研究，无论是在学术界还是在实务界，都多以财务杠杆来代替，而在财务杠杆度量上，又多以资产负债率来表示，所以有关资本结构方面的研究，在大多情况下，其实就是对资产负债率或负债融资比例的研究。而企业的债务融资问题一直又是实务界和学术界关注的热点问题（梅波，2019）。

2.3.1 资本结构影响因素研究

Jensen 和 Mekling（1976）认为，企业的投资机会与负债比例正相关；

Brander 和 Lewis（1986）、Jordan 等（1998）则认为，企业的盈利能力与负债之间正相关。Chang（1984）、Titaman 和 Wessels（1988）发现，企业的盈利能力与负债呈负相关关系。Titman 和 Wessels（1988）依据已有的资本结方面的研究成果，归纳出资本结构的八大影响因素，即企业的盈利能力、企业的成长性、非负债类税率、专业化程度、企业规模、企业所属行业、收入变异程度、资产担保价值。Donakdson 和 Lorsh（2005）则将资本结构的影响因素归为以下四大类，即公司特征、企业经营决策、资金市场、产品及其市场。Berger 等（2019）的研究发现，内部监督机制较强的公司会导致公司的管理者更多地使用债务融资方式。因此，在这类公司中，债务融资在资本结构中的比例往往会较高。Donakson 和 Lorch（2010）却发现，企业的经营决策，如公司治理结构、股权结构、管理者态度等，都会对企业的资本结构产生影响。李善民（2020）对包括破产成本、代理理论及信号机制、税收等一系列指标体系的研究发现，它们对资本结构的影响并不显著。刘星（2020）则认为，影响上市公司债务融资决策制定的因素排序分别为：①公司利润的大小；②销售周转的快慢；③营运资金效率的高低；④资本投资的成败。此外，对于现金能力与企业债务融资间的关系，一种观点认为企业的现金能力与负债负相关（Myers and Majuf，1984；Jong and Veld，2001）；另一种观点却认为企业的现金能力与负债正相关（Jensen，1986；Miguel and Pindado，2001；Alonso et al.，2020）。对企业成长能力与企业负债之间的关系也存在着两种看法：一种看法认为，公司成长能力与公司负债负相关（Smith and Watts，2009；Lang et al.，1994；Wald，1999）；另一种看法认为，企业成长能力与公司负债正相关（Majluf，1984；Kester et al.，1986）。同样，投资机会与企业负债关系的研究结论也不一致。Bradley 等（1984）、Smith 和 Watts（2009）、Goyal 等（2001）的研究表明，企业的投资机会与负债呈显著负相关关系。学术界对企业非债务税盾与债务融资间的关系也存在两种观点：一种观点认为，公司非债务税盾与企业负债比率正相关（Chaplinsky and Niehaus，1990；Grier and Zychowicz，1994）；另一种观点认为，企业非债务税盾与企业负债比率负相关（DeAngel and Masulis，1980；Prowse et al.，2000；Wald et al.，2013）。余明桂等（2006）认为，管理者的自信程度与本企业的资产负债率及短期负债率都呈显著正相关关系，这表明管理者的心态会影响他们的融资决策。Khwaja 和 Mian（2005）则发现，与其他企业相比，拥有良好政治关系的企业更容易获得银行的贷款，且贷款的利率较低；除此之外，当那些拥有良好政治关系的企业陷入财务困境的时候，较之其他企业也更加容易得到国家的财政补贴（Cull and Xu，2015；Faccio et al.，2016）。Faccio 等（2016）的研究则进一步证明，那些拥有良好政治关系的企业之所以能够更加容易获得银行贷款，可能并不是政府对银行的信贷政策施行直接干预的结果，而是由于拥有良好政治关系的企业能够获得政府提供的特殊优惠，这种特殊优惠实际上是一种为企业的银行贷款提供的隐性担保。基于此，他们认为，当拥有良好政治关系的企业陷入财务困境的时候，也更容易获得政府的财政救助。

2.3.2　资本结构与企业绩效间关系研究

Stulz（2001）认为，企业资本结构中负债比例的提高，将会使内部人更容易获得企业的实际控制权，也更容易形成内部人对其他利益相关方的侵害。除此之外，如果企业的管理层属于风险规避型，那么随着企业负债率的上升，管理层将更加倾向于把资金投向风险较低的项目之上，以此来降低自己面临的经营风险，但是低风险项目的利润率一般也较低。基于此，Stulz 认为，企业的负债率与绩效负相关。Harris 和 Raviv（2000）指出，企业过度负债将会降低自身的管理效率。其理由是，由于高负债率所带来的破产风险压力巨大，经营者将把更多的注意力集中于债务的还本付息之上，从而造成他们对企业管理的其他方面关注的减少，这必将引起企业管理效率下降。Diamond（2008）从公司治理中的声誉机制入手，分析了其与融资结构之间的关系。他认为，由于债务本金及利息的偿还是与公司的破产联系在一起的，因此，公司经理从声誉的角度出发，往往会倾向于去选择那些较为安全且保证能及时还清债务的项目去投资。而不是去选择那些价值真正大的项目去投资，从这个角度上来讲，经理一般追求的是项目成功可能性的最大化，但股东追求的一定是期望回报率的最大化，二者在目标上的差异，使得债务资金进一步提高了公司的代理成本。Servaes（2007）的研究发现，对于高成长性的公司来说，由负债造成的投资不足将会大于由负债为公司所带来的收益，即负债的负面效应大于负债的正面效应，因此，负债与公司的价值呈负相关关系。Rajan、Zingales（1995）认为，企业的盈利能力与绩效呈负相关关系，且这种关系会随着公司规模的扩大而不断得到加强。陈小悦、李晨（2007）的研究发现，公司绩效与负债率呈负相关关系。Rimbey（1998）、Mohd（2010）、Titman 和 Wessels（1998）的研究结果表明，公司绩效与负债比率呈负相关关系，即绩效越好的公司，负债率会越低。李义超、蒋振声（2021）的实证研究结果表明，公司的资本结构与企业绩效呈负相关关系。Johnson（2023）则发现，美国上市公司的负债比率与企业成长性显著负相关。王满四（2014）基于环境依赖理论的观点，在兼顾环境因素的情况下，通过实证研究发现，债务融资与公司绩效负相关，并在此基础之上得出，在我国当前的上市公司中，存在债务融资治理效应的弱化及恶化的趋势。刘丹（2019）认为，债务融资与企业的成长机会负相关，因此，高负债率可能会导致企业的非效率性投资，从而降低了企业的价值。冯建、罗福凯（2016）的研究结果表明，企业财务杠杆水平与资产盈利能力呈显著负相关关系，而且随着我国上市公司负债率的逐年升高，企业财务杠杆与资产盈利能力间的负相关程度也呈现出逐年升高的趋势。Tian 等（2017）的研究结果表明，公司的资本结构与用市场指标或者是财务指标衡量的公司绩效显著负相关。张兆国等（2017）通过研究不同所有权性质的上市公司后发现，不论是银行借款还是商业信用，都与上市公司绩效呈负相关关系。王薇璐（2017）在对电信与计算机行业的企业研究后也发现，电信与计算机行业的资产负债率与公司绩效呈负相关关系，即资产负债率越高的公司的经营绩效会越低。

Jensen（1976）认为，债务融资契约有迫使公司经理信守承诺，在未来支付固定的现金流给债务人的作用。因此，Jensen 认为债务是公司红利支付的一种有效替代品，它可以通过减少经理所掌握的自由现金流的数量的方式，来减少自由现金的代理成本。Ross（1977）的研究结果表明，与负债率较低的企业相比，负债率高的企业价值会更大，即企业的财务杠杆水平与企业的价值之间存在某种正相关关系。Grossman 和 Hart（1983）的研究结果表明，在高负债率的情况下，企业管理层所面临的破产威胁也会更大，这种压力将促使管理层更为勤奋地工作。基于此，为了提高企业的运营效率，企业应选择较高负债形式的资本结构。Masulis（1983）的实证结果表明，资本结构与公司绩效呈正相关关系。Jensen（1986）认为，企业负债有防止管理者过度投资行为发生的作用，降低企业股东与经理之间的代理成本，从而提高投资效率。Gilson（1989）的研究结果表明，债权能够对公司的代理成本起到较好的抑制作用，并以此使公司的绩效得到提高。Stulz（2009）的研究发现，由于市场上存在信息不对称的客观现状，所以一般经理拥有比股东更多的有关公司的信息。但公司债务水平提高，却可以通过减少经理所控制的资源数量，进而去减少公司的过度投资行为或投资不足行为的代理成本。Hart（2001）的研究表明，债务契约与公司的激励计划相比会显得更为有效，因为债务融资能够对经理的预算形成有效的硬约束，能够使经理在牟取个人私利或选择机会主义行为方式上做出让步，并具备避免事后经理人违约的强激励。陆正飞、辛宇（1998）发现，企业的获利能力与其长期负债率之间有着显著的负相关关系。洪锡熙、沈艺峰（2016）对工业企业上市公司的研究发现，企业的财务杠杆水平与盈利能力呈正相关关系。汪辉（2013）的实证结果显示，总体来看，债务融资拥有提高公司治理绩效和公司市场价值的作用，但对于少数财务杠杆水平过高的公司来讲，这种正面效应并不显著。沈坤荣、张成（2013）认为，企业的长期负债具有提高企业生产效率和促进企业收入增加的作用。何进口、周艺（2014）的研究发现，债务融资具有抑制企业过度投资或非效率投资的作用。

徐伟等（2015）的研究结果表明，对于资产负债率小于100%的公司来说，资产负债率与公司绩效之间存在明显的二次或三次曲线关系。王昌盛（2016）的研究结果显示，伴随公司负债比例的提高，反映经营绩效的指标有逐步得到优化的趋势，当公司的负债比例超过一定限度后，反映公司经营绩效指标却逐渐呈现出下滑的趋势。抖志斌（2016）的研究发现，当企业的资产负债率在50%以下时，伴随企业资产负债率的升高，企业的净资产收益率也会跟着提高，但等企业的资产负债率超出50%的分界线时，企业的净资产收益率却会呈现出下降的趋势。张锦铭（2019）的研究发现，企业的经营绩效与债务融资比率之间呈现出近似倒"U"形关系，通过实证回归的结果，他们得出了上市公司债务融资比率最优值应在30%左右的结论。贾利军、彭明雪（2020）在对我国电力行业上市公司资本结构的研究中也发现，资本结构与公司绩效呈现倒"U"形关系。

2.3.3　债务融资类型与企业绩效

Diamond（1984）、Fama（1985）认为，当债权人为银行等金融机构时，由于它们在评价融资企业方面具备一般债权人所具有的信息优势，从而使得它们有能力对企业的经营管理人员进行有效的监督。另外，在借款给企业之前，银行的贷、审部门均已对债务人的申请进行过审核，在审核通过之后才会与债务人签订正式的借款合同。这使得银行能够对企业的会计信息进行充分的了解，从而在一定程度上防止债务人的道德风险及逆向选择行为。De Long 等（2018）、Nakamura（2013）认为，当债权人为银行等金融机构时，由于较为集中的债权会使银行等金融机构承担更大的平均违约风险，因此，他们具有比一般债权人更强的对企业进行监控的动机。Asquith 等（1994）认为，企业重组成本会随着企业债权人人数的增加而升高，随着银行债权比率升高而降低。Bolton 和 Scharfstein（2010）通过理论分析后指出，与分散的公众债券持有人相比，小型银团在企业重组方面的效率更高但成本却更低。Holms trom 和 Tirole（2009）的研究发现，与公司的股东相比，银行作为债权人对公司的项目投资具有更强的监督能力，因为银行参与项目投资的程度较深，并可以帮助公司减少在投融资方面决策的失误，从而使公司的价值得到提高。Xu 和 Wang（1997）认为，中国企业股权集中度与企业利润间在总体上呈正相关关系，当这种关系在大股东为金融机构时会表现得更明显。Sarkar（2020）发现，在印度的上市公司中，贷款机构持股与公司绩效呈正相关关系。尤建春（2014）的研究结果表明，国有控股商业银行的债权对国有上市公司来讲，普遍存在着融资软约束的现象，这对我国国有上市公司的经营绩效产生了负面影响。夏既明（2023）认为，在我国经济转轨时期，市场上普遍存在着企业债务融资软约束和银行相机治理无效率的现象。田利辉（2015）的研究结果表明，伴随银行信贷规模的扩大，经理的公款消费和自由现金流规模也在增大，而企业的价值和效率却在不断下降，企业债务融资不但没有提高我国的公司治理效率，反而增加了经理人员的代理成本，并且导致我国银行坏账大量发生的问题。

Fisman（2021）的研究结果表明，商业信用融资能够显著地提高公司的生产效率。Demirguc-kunt 和 Maksimovic（2012）发现，法律环境较好国家中的企业会使用较大比例的银行信用融资，而法律环境较差国家中的企业会使用较大比例的商业信用融资。Burkart 和 Ellingsen（2018）通过研究商业信用缓解企业融资约束的作用时指出，在信息不对称的条件下，当企业受到银行的信用配给限制时，常常会谋求通过商业信用融资的方式来缓解企业的融资约束。童盼和陆正飞（2015）则认为，企业负债的来源不同，对企业投资规模的影响也会存在差异，与银行借款融资相比，商业信用融资对投资规模的影响会更大。Guariglia 和 Mateut（2016）指出，企业的商业信用融资具有促进库存投资的作用，而且其对融资约束的也能起到缓解作用。朱德胜和张顺葆（2018）的研究发现，在债务融资的类型结构中，商业信用融资比率与公司绩效显著正相关，银行信贷比率与公司绩效间的关系却表现得不显著。杨勇等（2019）指出，与银行债权人相比，为企业提供商业信用的债权人对经营亏损的 CEO 有激励监督和约束作用。这是因为，债权人会更加关注商业信用的回收，同时也更有能力监督并了解其债务人的经营现状。杨勇等（2019）还发现，与银行信贷融资的提供者相比，商业信用融资的提供者在债权人治理方面，在监督激励动机上都具有优势，增加了对企业绩效不佳的经理进行强制更换的可能性，从而能在一定程度上促进上市公司治理效率的提高。张舟佳（2019）认为，由于银行信贷融资的债权人是专业机构，其对债务人的事前、事中、事后的控制监督都比商业信用融资的债权人更加严格，所以银行信贷融资比商业信用融资对企业的实际监督约束力更强。

2.4 有关过度投资的研究文献

2.4.1 公司治理与过度投资

Stulz（1985）发现，当企业在未受到资本市场的约束时，其进行过度投资的程度会更严重。Stulz（2001）认为，经理总是想把企业的所有资金都用于投资，据此来扩大企业规模，这种行为的后果就会导致企业产生过度投资的问题。Murphy（2020）的研究发现，经理的个人收益与企业规模呈显著正相关关系，扩大企业规模对于经理来说是一件有利可图的事情。因此，在企业存在大量自由现金流时，经理又有动机把企业的自由现金流投资于净现值为负的项目之上，从而导致企业过度投资问题的发生。Richardson（2013）的实证研究发现，公司治理结构的改善有效地减少了过度投资，如拥有独立董事大公司的经理较少进行过度投资。刘怀珍和欧阳令南（2004）的研究发现，经理的个人利益是过度投发生的最直接原因。伍利娜、陆正飞（2015）指出，资产负债率与过度投资呈正相关关系，并且盈利状况越差的企业，企业过度投资行为程度越严重。饶育蕾、江玉英（2006）的实证研究发现，过度投资是中国上市公司投资的典型表现。辛清泉、林斌（2016）认为，大股东持股与企业过度投资行为间存在倒

"U"形关系，即随着大股东持股比例的上升，企业的过度投资水平呈现出先增加后降低的趋势。李鑫（2007）的研究发现，中国上市公司的过度投资现象确实比较严重，而且还有不断加剧的趋势。当前，在我国资本市场飞速发展的同时，我国上市公司非效率投资现象也日渐明显，而非效率投资的主要表现形式则为过度投资。何源、白莹和文翘翘（2017）发现，在只存在权益资本的前提条件下，大股东为实现自身利益最大化，可能会促使企业进行过度投资，从而损害企业的整体价值和中小股东的利益。罗进辉（2018）的研究发现，大股东持股与过度投资水平之间呈"N"形关系，即过度投资水平会随着大股东持股比例的上升，先增加后减少再增加。陈建勇等（2019）认为，对于高风险的投资项目而言，不管是过高的长期债务比例还是过高的短期债务比例，都会导致过度投资。

2.4.2　自由现金流与过度投资

Jensen（1986）首先提出了企业自由现金流假说。他认为，企业的自由现金流越多，过度投资问题就会越严重。只有当企业宣布发放现金股利时，投资者才会改变之前对企业的评价预期。因此，一般情况下，投资者会将发放现金股利看作利好的消息，这预示着企业的自由现金流减少。企业的自由现金流减少会引发企业的过度投资程度的降低，所以企业的价值也会跟着提高。Vogt（2001）的研究发现，对于规模较大且股利水平较低的企业来说，企业的过度投资和投资现金流显著相关。这表明，规模越大的公司，其管理层的酬金与职位提升的正相关度越大。Shleifer 和 Vishny（2011）指出，管理者有构建自己"商业帝国"的冲动，尤其是在企业存在大量自由现金流的情况下，管理者出于自利行为的动机，为了追求自我利益最大化而进行过度投资。Miguel 和 Pindado（2021）通过对比企业当年的投资规模和自由现金流均值，并以此来作为判断企业是否存在过度投资行为的依据。Scott Richardson（2015）研究了自由现金流与过度投资间的因果关系，发现自由现金流量高的企业往往也存在过度投资行为。刘昌国（2016）的研究结果表明，我国上市公司当前普遍存在较为严重的自由现金流过度投资的现象。他同时还发现，机构投资者持股加剧了上市公司自由现金流的过度投资程度，对经理人员的股权激励会抑制自由现金流的过度投资现象。唐雪松等（2017）也发现，自由现金流与过度投资呈显著正相关关系，因此，自由现金流为正的企业产生过度投资的可能性会更大。

张功富（2017）的研究表明，在中国的工业类 A 股上市公司中，过度投资与拥有自由现金流的公司表现出明显的正相关关系，并得出在发生过度投资的该类企业中，有被用于过度投资自由现金流占到了总资金的 18.92%。李鑫（2017）认为，企业经理有可能将自由现金流量投入能给自己带来收益的净现值小于零的项目之中，从而导致企业过度投资问题的产生。

2.4.3 信息不对称与过度投资

Narayanan（1988）研究发现，当企业的投资者和管理者之间存在对投资项目的价值评估信息的不对称时，企业就可能会投资于 NPV 小于零的项目，从而产生投资过度的现象。Bebchuk 和 Stole（2011）认为，在信息不完全和经理的目标短期化的前提条件下，会导致企业过度投资。Lensink 和 Sterken（2021）在研究银行信贷市场上的信息不对称现象时发现，当企业的贷款偿还额小于项目的无风险回报时，过度投资将会发生。潘敏等（2022）认为，当同时存在信息不对称和上市公司股权制度特殊安排的前提条件下，新股东在项目投资后，对企业资产价值分配的比例越低，企业发生过度投资情况的可能性就会越大；同理，股东正常的实际收入与目标收益之间的差异越大，企业发生过度投资情况的可能性也就越大。Strobl（2023）发现，当经理的薪酬契约与企业的股票价格间存在联系时，经理的薪酬契约往往会招致股东更多的关注，在这种情况下，就有可能会导致企业的过度投资行为发生。文守逊和杨武（2023）从信息不对称的视角出发，发现只有当经理拥有比股市更多的关于长期项目的信息时，经理对长期项目的过度投资才会发生。

2.4.4 所有权性质与过度投资

林毅夫（2010）指出，由于国有企业普遍承受着战略性政策负担与社会性政策负担，当企业拥有充足的现金流时，与民营企业相比，国有企业尤其是地方性国有企业更有可能面临过度投资现象。李胜南、牛建波（2015）发现，对于持有较低国有股比例的企业来说，高负债率抑制了高增长能力企业的投资支出；对于持有较高国有股比例的企业来说，高负债率对低增长能力企业的过度投资没有产生明显的抑制作用。张翼和李辰（2015）基于中国上市公司的制度背景实证研究结果表明，在央企之外的国有企业中均存在过度投资的现象。杨华军等（2017）基于中国的制度环境，研究了自由现金流与企业过度投资间的关系，结果表明，在地方政府控股的上市公司中，自由现金流和过度投资间的敏感度显著高于其他类型的公司。但金融发展对这一现象起到了改善作用。俞红海、徐龙炳等（2020）的研究结果表明，企业的最终控制权和现金流权的分离度与过度投资间呈现出显著的正相关关系，相对于私人控股企业而言，政府控股的企业过度投资现象更严重，而外部治理环境的改善会在一定程度上抑制企业的过度投资程度。

2.4.5 管理者特征与过度投资

Malmendier 和 Tate（2001）的研究结果表明，过度自信的 CEO 普遍存在过高估计他们所选择的投资项目质量的现象，并认为外部融资的成本过高，因此，当过度自信的 CEO 有可以自由支配的大量内部资金时，他们可能会做出过度投资的决策。Stulz（2001）通过调查研究发现，经理一般在高现金流时会倾向于进行过度投资。Malmendier 和 Tate（2021）的实证研究结果表明，过度自信的管理者普遍存在较高的投资现金流敏感度，原因是过度自信的管理者多倾向于高估企业投资项目的未来盈利能力，即使在不存在信息不对称性以及委托代理问题的前提条件下，只要企业拥有可以使用的内部资金时，他们一般就会增加投资，其中也包括过度投资。Heaton 等（2022）指出，管理者过于乐观或过度自信，当其在面对特定的投资机会时，可能会使得企业现金流的成本与收益发生改变，从而影响企业投资行为，即使在没有信息不对称或理性代理成本存在的前提条件下，管理者的过度自信也会导致企业过度投资问题的发生。王渝（2015）指出，由于管理者私人利益理性的存在，在投资决策之初，管理者就具备了过度投资动机。郝颖等（2015）在基于我国特有的股权制度安排和治理结构状况时的研究结果表明，存在过度自信的高管更有可能导致低配置效率的过度投资行为的发生。王霞等（2018）的研究结果表明，过度自信的管理者更倾向于过度投资，并可能会通过融资活动获得的现金流产生更高的敏感性。姜付秀等（2019）的研究结果表明，企业管理层的平均受教育水平越高、平均年龄越大，就越不太可能做出过度投资的决策。前者可能是因为管理者所受到的教育较多，他们做出的决策也更加理性的缘故；后者可能因为年龄越大的管理者，其投资决策也更加稳健所致。姜付秀等（2019）发现，管理者过度自信与企业的总投资水平、内部扩张之间存在显著的正相关关系，当企业拥有较充裕的现金流时，这种正相关程度会更大。

2.4.6 有关过度投资的度量方法研究

Richardson 残差度量模型。Richardson（2016）首先建立了一个包括企业成长机会、融资约束、行业等因素决定的投资预期模型，将总投资分解为维持性投资和新增实际投资。而新增实际投资又由预期投资和非预期投资两部分构成，其中非预期投资是新增实际投资与预期投资之间的差额，即投资模型的回归残差值，正残差代表新实际投资超过预期投资的部分，为过度投资，而负残差代表实际投资低于预期投资的部分，为投资不足。基于 Richardson 模型，对过度投资的详细推导过程如下：

$$\text{Invest}_{i,t}^{N} = \alpha_0 + \alpha_1 Q_{i,t-1} + \alpha_2 \text{Lev}_{i,t-1} + \alpha_3 \text{Cash}_{i,t-1} +$$
$$\alpha_4 \text{Age}_{i,t-1} + \alpha_5 \text{Size}_{i,t-1} + \alpha_6 \text{Ret}_{i,t-1} + \alpha_7 \text{Inv}_{i,t-1} +$$
$$\sum \text{Year} + \sum \text{Industry} + \varepsilon_i \tag{2-1}$$

其中，$\text{Invst}_{i,t}^{T}$ 代表年度总投资额，一般用 $\text{Invst}_{i,t}^{T} =$（企业全部的资本支出+企业进行现金收购的支出-企业出售资产的收入）/年初资产总额来表示。$\text{Invst}_{i,t}^{T}$ 又可以分解为 $\text{Invest}_{i,t}^{M}$（维持性投资）和 $\text{Invest}_{i,t}^{N}$（新增实际投资）两个组成部分，其中，$\text{Invest}_{i,t}^{M} =$（累计折旧+无形资产摊销）/年初资产总额。通过以下计算公式：

$$\text{Invest}_{i,t}^{N} = \text{Invest}_{i,t}^{T} - \text{Invest}_{i,t}^{M} \tag{2-2}$$

我们可以计算出企业当年的 $\text{Invest}_{i,t}^{N}$（新增实际投资）金额。接下来，我们把计算出来的 $\text{Invest}_{i,t}^{N}$（新增实际投资）金额代入公式（2-1）中进行回归，得到计算公式（2-3）。

$$\text{Invest}_{i,t}^{*} = \hat{\alpha}_0 + \hat{\alpha}_1 Q_{i,t-1} + \hat{\alpha}_2 \text{Lev}_{i,t-1} + \hat{\alpha}_3 \text{Cash}_{i,t-1} + \hat{\alpha}_4 \text{Age}_{i,t-1} +$$
$$\hat{\alpha}_5 \text{Size}_{i,t-1} + \hat{\alpha}_6 \text{Ret}_{i,t-1} + \hat{\alpha}_7 \text{Inv}_{i,t-1}^{*} + \sum \text{Year} +$$
$$\sum \text{Industry} + \varepsilon_i \tag{2-3}$$

其中，$\hat{\alpha}_0$，$\hat{\alpha}_1$，$\hat{\alpha}_2$，$\cdots$，$\hat{\alpha}_7$ 分别为公式（2-1）中 α_0，α_1，α_2，$\cdots$，α_7 的估计值。通过计算公式（2-3），我们可以得到每个公司当年度的 $\text{Invst}_{i,t}^{*}$（预期投资）金额。

最后，通过计算公式（2-4），我们可以得到企业当年度的 $\text{Invst}_{i,t}^{\varepsilon}$（非预期投资）金额。

$$\text{Invest}_{i,t}^{\varepsilon} = \text{Invest}_{i,t}^{N} - \text{Invest}_{i,t}^{*} \qquad (2\text{-}4)$$

另外，需要说明的是，在接下来的研究中，我们将用 $\text{Invest}_{i,t}^{\varepsilon+}$ 来代表 $\text{Invest}_{i,t}^{N}$（新增实际投资）中大于 $\text{Invst}_{i,t}^{*}$（预期投资）的部分，即公司当年的过度投资支出。$Q_{i,t-1}$ 为公司的增长机会，用（流通股股数×每股股价+非流通股股数×每股净资产+负债账面价值）/年初资产总额来表示。$\text{Lev}_{i,t-1}$ 为财务杠杆，用年初负债总额/年初资产总额来表示。$\text{Cash}_{i,t-1}$ 为公司年初的货币资金持有量，用年初货币资金持有量/年初资产总额来表示。$\text{Age}_{i,t-1}$ 为公司的上市年限，用为 IPO 年度到上年末为止的年数来表示。$\text{Size}_{i,t-1}$ 为公司的规模，用年初总资产的自然对数来表示。$\text{Ret}_{i,t-1}$ 为上年度的股票收益率。$\text{Inv}_{i,t-1}^{*}$ 为与 $\text{Invst}_{i,t}^{*}$ 对应的上一年度的投资支出，Year 为年度虚拟变量，Industry 为行业虚拟标量。

过程投资解析如图 2-1 所示。

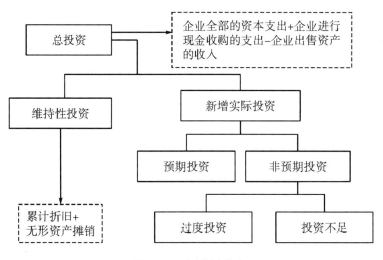

图 2-1　过度投资解析

其他关于过度投资的度量方法。Fazzari（2001）开创了用投资与现金流间的敏感性来衡量企业过度投资的方法（FHP 法）。自此之后，又有许多学者基于 Fazzari 的研究方法，对企业的过度投资问题进行了系统研究，其中绝大部分研究发现，企业投资高度依赖内部资金。因此有人推测，现金流对于某些企业来说，可能会是增长机会的更好替代变量。Lang 和 Litzenberger（2002）指出，如果企业存在过度投资的问题，企业的托宾 Q 值一定会小于 1，这是一个充分不必要条件。从此之后，开创了使用托宾

Q 值来衡量过度投资的研究。Vogt（1994）则从资本支出的角度来研究投资与自由现金流之间的关系。他首先对企业投资不足和过度投资两种效应进行了区分，然后进行实证研究，根据其研究结果，只要投资与现金流之间的正相关关系是出现在低质量投资机会的企业身上，就证明该企业存在过度投资；同理，对具有高质量投资机会的企业而言，投资与现金流之间的正相关关系则说明企业存在投资不足的问题。Hovakimian（2013）在 Vogt 研究的基础上，使用两种方法来对过度投资进行度量：一种方法是采用企业当年的资本支出与企业在该年度同行业的平均资本支出的差来表示；另一种方法是采用估计每年每行业的投资对市场—账面比的横截面回归来表示。用回归的残差作为对过度投资的衡量标准。

3 理论基础

3.1 高管团队背景特征研究的理论基础

3.1.1 委托代理理论

自从美国学者 Berle 和 Means 于 20 世纪 30 年代初提出了有关公司治理的概念以来，国内外众多的学者从不同的视角出发，在公司治理领域进行了深入而广泛的研究，且已形成内容丰富的公司治理理论体系。其中，最为著名的莫过于 Jensen 和 Meckling 于 1976 年提出的委托代理理论。委托代理理论是在结合信息经济学的基础上有关公司治理方面的新解释。信息经济学是自 20 世纪 60 年代以来，在经济学研究领域的一个重要分支，其在学术上的最大贡献为，信息经济学彻底放弃了对信息的完全性和对经营者的无私性的基本假设。因此，它从两个方面对古典管理理论提出了质疑：一方面，经营者作为独立的经济人有着对自身利益的天然追求，没有任何证据或理由可以表明经理人与股东间的利益总是保持一致的，或者说经理人是大公无私的，总是时刻在全力维护着股东的利益；另一方面，古典管理理论对信息的完全性假设与基本客观实际相违背，这主要体现在两个方面，一是人理性的有限性使得参与市场活动的任何一个人都不可能拥有完全的信息，二是信息在不同个体间的分布也是不对称的。基于在这两个方面上的修正，并最终导致了委托代理理论的产生。这个理论一经产生，就在公司治理方面占据了主导地位。委托代理理论的基本前提为：人都是理性而自利的。因此，在经理人与股东之间存在委托代理关系。其中，经理人作为代理人，被认为具有机会主义的倾向，他们掌握着公司日常的经营权，存在以牺牲股东的利益为代价，而去谋求经理人自身利益最大化的可能性，即在委托代理关系中，经理人发生的道德风险和机会主义风险的问题。针对以上实际情况，股东作为委托人，需要设计一组契约或一种机制，并以此作为提供给代理人的某种制约或激励措施，保证代理人做出的行为决策与委托人的利益相一致。委托代理理论还认为，法律及公司规章制度、要素及产品市场、资本市场以及由董事会所实施的内部控制措施，是形成对经理人行为进行有效约束的主要力量。鉴于此，委托代理理论认为，完善公司的治理结构，是对经理人的机会主义倾向和道德风险进行控制，并使其行为决策与股东利益保持一致的关键所在。

3.1.2 资源依赖理论

资源依赖理论是一个基于经济租金的思想而提出的概念，是公司经营策略中所采用的一种重要的竞争方法。资源依赖理论认为，企业是一个在组织管理框架下进行生产的资源集合体（Penrose，1959），企业发展离不开资源，一个企业在做战略决策时，其独特的资源和能力是制定与执行战略决策的基础（Hamel et al.，2009）。因此，资源依赖理论解释了为什么中小企业在公司治理和其他资源的缺乏方面会处于更加不利的地位。企业的发展离不开人才，作为企业的高层管理人员，高管团队是一个企业最为宝贵的资源。在此基础之上，我们认为，管理团队成员资源禀赋与其背景特征密切相关，例如，与低学历层次的管理团队相比，高学历层次的管理团队所接触的社会人员层次可能会比较高，其社会关系网络资源相对也会更加丰富，对外部资源的获取就比较容易，另外，高学历层次的管理团队成员的素质可能会更高，其管理方式和理念与低学历层次的管理团队相比，也可能会更加科学，这些都有可能使高学历层次的管理团队所管理的企业取得比低学历层次的高管团队所管理的企业更加优异的企业绩效，并进而降低企业陷入财务困境的概率。

3.1.3 高阶理论

1983年，著名的组织行为学家Pfeffer首次提出了从社会学中的人口特征视角，来对高管团队稳定性问题进行研究的建议。Pfeffer认为，依据人际关系交往中存在的"相似相吸"原理，个体一般会选择加入那些与具有某些相似人口特征的团队，即使在其成为某个团队的正式成员后，他也会把自身与他人在人口特征上的差异和来作为衡量对团队满意度的重要指标。在 Pfeffer 的理论之上，Hambrick 和 Mason（1984）进行了重要拓展，提出了著名的研究高管团队的专门理论，即高阶理论。不仅如此，Hambrick 于 1994 年还对该理论模型提出了第一次补充性的修正；随后，高管团队问题研究专家 Carpenter 等在回顾了 20 多年来有关高阶理论的发展后，于 2004 年对 Hambrick 和 Mason 的高阶理论模型进行了第二次修正，并由此而形成了高阶理论的多理论整合模型。

高阶理论认为，在当今激烈的市场竞争中，公司若想立于不败之地，仅凭个人能力是不行的，良好运营的公司需要群体的共同智慧及能力。高阶理论的基本前提是有限理性下的战略选择，研究重点是整个高管团队，而不是 CEO 个人。高阶理论的基本观点为：公司高管团队的背景特征会影响到组织绩效与战略选择，而且这些特征的相互作用过程也会影响到组织的竞争行为，从而导致不同管理者对相同的事物会产生不同的感知，并在管理者自身有限理性的前提下做出公司的战略决策。所以，我们有必要去对整个高管团队的背景特征、经验及价值观进行系统、全面的了解，并以此来对企业的发展做出解释。该理论隐含了两个方面的重要内容：一方面是高管团队的心理结构能够影响其进行战略决策的过程，另一方面是高管团队的人口统计性特征可以用来体现高管团队在心理结构上的差异。

此外，高阶理论还认为，一般情况下，高管们所面临的决策情境都会比较复杂，并且通常会超出他们的理解范围。这时，高管一般会根据自身的认知基础和价值观去对其所获得的信息进行过滤和筛选，并在此基础之上做出管理感知上的判断和战略选择。因此，高管的价值观一方面会影响他们的管理感知，另一方面会直接决定他们所做出的战略选择。

从以上的论述中，我们可以看出，高管团队的背景特征会对组织的战略选择产生直接影响，而高阶理论模型中的高管团队背景特征使用人口统计特征来进行衡量。这主要是因为，高管的价值观、认知基础、洞察力等都难以直接测量（Miller et al., 1982），而人口统计特征的数据则比较容易搜集且得到了理论的支持。高管团队的背景特征主要包括年龄、任职期限、教育背景、工作经历、性别等方面。

Hambrick 和 Mason（1984）的高阶理论开创了人们对高管团队背景特征与企业战略决策及绩效的研究。尽管如此，Hambrick 和 Mason（1984）也指出了该理论模型的缺陷：与纯粹的心理测量指标相比，人口统计特征会更具噪音。例如，教育背景可能也反映了包括社会经济背景、认知模式及风险偏好和其他的心理特征。高管团队的背景特征可以很容易地符合输入项的要求，然而却缺少"过程"变量及相关调节变量，使得此后的研究结论极为不统一。正是由于上述缺陷的存在，才激发后继学者们对高管团队人口特征与企业战略选择及企业绩效关系的进一步研究。

3.1.4 高阶理论的第一修正模型

自 Hambrick 和 Mason 于 1984 年首次提出高阶理论以来，不管是在学术界还是在实务界中，有相当多数量的研究都是以此为基础来进行开展的。众多研究的结果表明，高管团队背景特征与企业的战略选择或企业绩效间具有密切的联系，但具体研究的结论却呈现出相互各异的态势。对此种状况，不少学者认为这是缺乏对过程的研究所导致的。如 Trui 和 Reilly 认为，高管人口特征统计上的区别并不必然导致绩效上的差异，只有在能够掌握那些具备不同背景特征成员间的互动过程时，才能找到提高企业绩效的途径。

在这种背景下，Hambrick（2006）完成了原模型的第一次修正。在高阶理论的第一次修正模型中，Hambrick 概括了影响高管团队运作模式的四种主要因素，即高管团队的构成、结构、过程与激励。Hambrick 等（1996）对高管团队运作进行了更加规范的描述，其中包括了高管团队的组成、高管团队的结构和高管团队的运作过程。高管团队的组成与结构主要是指团队成员的人口统计特征和职权结构，如教育背景、年龄、任职年限等。而高管团队的运作过程，则主要包括高管团队成员之间的沟通、协调、领导、激励以及冲突的处理等行为。为了揭开团队内部运作过程这个"黑匣子"，Hambrick 等（2010）还提出了"行为整合"概念，即指高管团队成员间在思想及行动上的集体互动。这个概念比以往单独从领导、沟通、合作等方面来研究高管团队的运作过程则更为全面及具体。因此，Hambrick 创建了高阶理论的修正模型，并认为高管团队进行"行为整合"的决定因素可以分为三大类：第一类是企业层面上的变量，第二类是高管团队层面上的变量，第三类是 CEO 个人层面上的变量。Hambrick（2014）的研究得到了众多学者的认可，之后的许多研究都以此为出发点，积极研究高管团队的运作过程，并由此形成了高管团队研究的第二流派，同时还引发了研究学者对人口特征与企业绩效之间可能存在的调节变量的研究，从而出现了以跨文化、行业及企业资源等为调节变量的研究。

3.1.5 多理论整合模型——高阶理论的第二修正模型

在 Hambrick 和 Mason 提出高阶理论 20 多年之后，Carpenter 等（2004）在总结了自 1984 年以来有关高管团队理论研究的基础之上，提出了对高阶理论的第二次修正。该模型把多年来的实证研究成果与高阶理论的原始模型进行了有效的嫁接，形成了后来的"多理论整合模型"。Carpenter 早在2001 年就已指出，高阶理论原始模型的缺陷主要是因为未能把调节变量或者中介变量考虑在内。其实，自从 Hambrick 提出了修正模型以后，许多学者实际上已经开始对调节变量的研究，但在这些研究中，对于调节变量的添加和衡量方式上都存在非常大的任意性，缺乏系统考虑。鉴于此，Carpenter 等（2016）把目光放在了代理理论之上，试图通过代理理论来整合调节变量。代理理论与高阶理论之间可以进行整合是基于以下原因：一方面，由于它们都有着共同的研究对象，即高管的偏好与性格对企业的战略绩效所产生的影响；另一方面，由于它们的研究重心各有侧重，所以可以进行互补。如高阶理论认为，高管的人口特征与其价值观、认知、性格等在某种程度上具有一致性，并进而决定了他们的战略选择与公司绩效。而代理理论则更加注重去分析公司的治理结构，研究如何把高管与股东间的利益联系在一起。企业管理方面的这两大理论，在各自的研究领域均取得了丰硕的成果，然而它们在单独解释高管团队所产生的影响却都又十分有限。例如，高阶理论的支持者们，在对高管的人口特征进行研究之后发现，高管的人口特征对公司的战略决策具有重要影响，但却忽略了高管所处治理环境的缺陷。代理理论的支持者们虽然对高管所处的治理环境更加敏感，但却存在忽略高管自身具有的根源于人口特征的偏好与性格上的差异。鉴于此，Carpenter 等（2016）认为，关于高管团队作用方面的未来研究方向，应该是两种理论并重的融合理论，从而使人们能够更好地理解公司高管团队和战略决策间的联系，这即为多理论整合模型。该模型主要具备以下四个特点：①包括高管团队构成的重要组织及环境的前因变量；②采用与组织产出联系密切的高管团队特征变量来代表一系列的理论建构；③在其中加入了五个调节变量；④考虑了战略选择、高管团队或董事会的更换及构成等方面的因素，从不同角度来衡量公司的绩效。

3.1.6 高阶理论的同质性与异质性解释

有关高管团队背景特征方面的研究分为同质性与异质性两个视角。一般认为，高管团队背景特征的同质性适于解决常规问题，而高管团队背景特征的异质性则适于解决特殊问题。高管团队背景特征的同质性指的是高管团队成员间背景特征及重要态度、价值观的趋同化。Hainbrick 和 Mason（1984）认为，高管团队内部的同质性将能够有效地避免内部过程损失，进而使得同质性的高管团队比异质性的高管团队能够更快地做出战略决策。高管团队背景特征的同质性与企业的维持战略倾向相连接，同质性会导致团队成员之间相互吸引和相似的感觉，特别是在价值观、认知、经验等方面上的趋同会导致高管团队成员对团队的识别力和内聚力的增强。在相对简单的环境下，同质性的高管团队能使团队成员间的沟通更加快捷、便利，并因此而促进公司绩效的提高。但是相似的背景和经验在减少沟通障碍，使得交流变得更加容易的同时，可能也存在因为团队成员的思维趋同，而导致遗漏市场机会、对问题不敏感等问题的产生。

高管团队异质性则指高管团队成员之间背景特征的差异化，包括认知与经验上的差异。一般认为，高管团队异质性对公司绩效所产生的影响，会随着公司战略及环境背景的改变而改变。Bantel（2001）从对小型银行所做的一个调查中发现，高管团队成员在学历及专业背景方面的异质性越强，就越有可能会产生好的战略决策。但是，也有研究认为，高管团队成员在背景特征上的异质性会对公司的投资回报率和绩效产生负面影响。这是因为，与同质性的高管团队相比，异质性的高管团队成员间的沟通可能会更加困难，这将阻碍高质量的战略决策的出现。Hambrick 和 Mason（1984）也认为，高管团队的异质性与团队经历的冲突水平及类型相关，团队内部的异质性越强，对于该如何解决战略问题的观点就越不相同，这样就会增加高管团队在决策行为选择上达成一致的难度，但与此同时，高管团队的异质性也有可能导致部分战略决策者更具有创造力。在复杂的情况下，如公司面临重新定位、环境动荡、技术变革及总裁更换等，高管团队的异质性则会提高战略重新定位的灵活性，将对公司绩效有积极影响。总而言之，高管团队的异质性可能会在相反方向上影响高管团队过程：一方面，高管团队的异质性可能会有碍交流，并在高管团队成员的权力争夺中浪费时间，这将会对高管团队内部的凝聚力与高管团队成员间的沟通产生副作用，并有可能增加高管团队内部发生冲突的可能性。另一方面，高管团队的异质性又可能因为决策选择的多样性而提高了团队的创造力。Murray（2002）的研究表明，在相对稳定的环境中，高管团队的异质性的增加将导致企业内聚力的下降，并进而对企业绩效产生负面影响，这是由于高管团队的异质性将会导致高管团队成员对企业目标及价值观产生更少的承诺。Hambrick 和 Daveni（2021）也认为，高管团队的异质性可能会引起企业绩效的下降，并进而有可能会导致企业最终走向破产。Simons（1995）则发现，当有助于高管团队解决问题的不同意见可以自由进行辩论时，不利的意见将不会被考虑在内，这对高管团队解决问题的总体能力来说是有利的。因此，可以预期，上述背景下的异质性的高管团队在解决问题的能力上将强于同质性的高管团队。Carpenter（2020）的研究也发现，高管团队的异质性与企业绩效呈正相关关系，尤其是在国际化水平较高的企业，高管团队的异质性与企业绩效间会呈现出更强的正相关性。Carpenter 和 Fredrickson（2021）则认为，高管团队内部中度水平的异质性是有益的，而过度的异质性将会导致人际关系间冲突的发生及沟通的崩溃。

3.2 企业财务困境成因的理论解释

3.2.1 企业财务困境成因的破产成本学说解释

自从 Modigliani 和 Miller 于 1958 年发表了其在资本结构领域具有开创性著作，即 MM 理论以来，建立在他们所提出的理论基础之上的企业融资行为的研究就开始不断被创新。其中的一个重要分支，主要研究企业破产的影响因素、企业破产成本的量化及资本结构在其中所发挥的作用等，被学术界称作破产成本学说。该学说的代表性人物 Baxter 在 1967 指出，在正常情况下，除非企业能够让债权人相信，融资企业自身拥有足够的权益为将来的债权做保障，否则它就不可能从债权人那里得到债务融资。因此，每家企业都会存在一个"可为债权人接受的债务水平界限"，这主要取决于企业经营净盈利的变动性，一旦企业的负债水平超过了"债权人可接受的界限"，平均资本成本就会随着负债水平的提高而增加，进而大大增加了企业发生破产的可能性。

3.2.2 企业财务困境成因的期权定价理论解释

自从 Black-scholes 于 1973 年发表了关于期权的开拓性论文，即期权和公司债务的定价以来，期权定价理论就被广泛应用于研究公司的财务问题。从期权与公司资产价值的关系角度来看，负债经营的企业可被看作由债权人持有的一组有价证券，而公司股东则持有以该证券为标的物的一个看涨期权，当公司的总市值高于公司所欠的债务价值时，股东则会行使看涨期权，即偿还公司所欠的债务，并继续拥有公司；如果公司的总市值低于其所欠的债务价值时，股东则会选择让公司破产，并把公司资产出售给那些看跌期权的持有人，即债权人将拥有公司。从中我们可以发现，企业破产的可能性与期权价值间存在直接的联系。

3.2.3 企业财务困境成因的代理理论解释

代理理论成立的基础源自人们的有限理性（bounded rationality）、自利动机（self-interest）与风险规避（risk arersion）三个假设。在现代企业体制下，绝大部分公司的所有权与管理权都是相互分离的。该理论把经济资源的所有者定义为委托人，而把经济资源的管理者称作代理人。不管是委托人还是代理人，都是经济理性人，都是自身效用的最大化者，而且，委托人与和代理人之间的利益并不总是相一致的。因此，就存在代理人以牺牲委托人的利益为代价去追求自身利益最大化的可能性。Jensen 和 Meckling（1976）指出，管理者出于自利的动机，可能会做出不顾外在股东和债权人利益的行为，出台某些伤害公司的经营决策。例如，随意对其他公司进行并购、购置豪华私人设备、到著名旅游景区去做那些与公司的经营联系不大的商务旅行等活动，这些都将导致公司经营成本的增加，并进而威胁到公司的生存能力。

3.2.4 企业财务困境成因的非均衡理论解释

非均衡理论是一类用外部因素冲击来解释公司财务困境的理论，如其中的灾害理论（catastrophe）与混沌理论（chaos）。该理论的代表人物为 Ho 和 Saunder，他们在 1995 年首次将灾害理论应用于公司破产的研究领域，他们使用灾害理论来研究美国所施行的银行管制。从中我们发现，银行破产大多并不是因为逐步衰落而导致的，而是一种由负责施行管制行为的机构所引起的突然倒闭。

3.2.5 企业财务困境成因的契约理论解释

该理论试图通过股东和债权人之间的潜在利益冲突来对公司财务困境

的发生成因进行研究。Chen 和 Lee（2000）建立了一个专门研究公司破产过程的基本代理模型。该模型有三类参与者，即股东、银行和其他债权人，并假设公司只会处于两种状态，即好的现金流状态与坏的现金流状态；而且还假设所有的参与者都是风险中性的，经理人以股东利益最大化为经营目标。在上述假设的基础上，他们对存在有效投资、过度投资和投资不足的产生条件分别进行了研究，得出了公司的变现价值与其债务的账面价值之比；同时认为，公司债务的期限结构也是对投资效率产生显著影响的重要因素。此外，他们还认为，银行的短期借款在负债总额中的比率越大，公司的投资效率就会越高。这是因为，相对于其他债权人来说，银行具有更大的信息优势和更强的谈判能力。

3.2.6 企业财务困境成因的竞争优势理论解释

Porter 的竞争优势理论主要强调竞争对手进入及发生替代的威胁，并兼顾了客户与供应商讨价还价能力等因素对企业所造成的影响，通过分析这些因素，可以确认企业从降低成本或在实行产品差异化上所具有的竞争优势。在 Porter 理论的基础上，后来的学者提出了一系列解释公司破产成因与征兆的理论，这些理论大多将公司的管理失误作为经营失败的主要因素，其中主要包括公司权力过于集中、缺乏内部控制机制或内部控制机制没有得到有效实施、公司的会计和财务控制制度不严、对市场竞争的反应过慢、公司的经营缺乏多元化、过度负债等。

3.3 有关资本结构研究的理论基础

3.3.1 MM 理论

Modigliani 和 Miller 两位学者于 1968 年在《资本成本、公司财务和投资理论》一文中，提出了有关资本结构领域研究的最具开创性的理论——MM 理论。该理论认为，在一个信息完全透明并且税率为零的市场上，公司的价值和资本结构（债务资本比率）是不相关的。但是，在税率大于零的资本市场上，提高债务融资的比例就能使公司获得债务税盾的益处，从而使公司的价值得以增加。依据前面的推理，Modigliani 和 Miller 认为，公司若想增加自身的价值，就应该尽可能提升债务融资的比例。

MM 理论之所以能够成立的一个基本前提是，假设资本市场是完全有效的资本市场，在这个市场上，所有交易者都拥有相同的信息及同等的机会，并不存在诸如代理成本等的交易成本。在这些严格的假设条件之下，可以得出，投资者能够利用自制的杠杆来代替企业的杠杆，从而使得企业的法人价值能够独立于公司的融资结构之外。任何企业想通过改变自身资本结构的方式来改变企业市场价值的意图，都会被股票、债券的持有者为了追求自身利益最大化而采取的相应对策抵消。因此，任何企业的金融目标和行为都受到投资者的利益目标和行为的制约及平衡。

自 MM 理论诞生以来，有关企业融资行为的理论研究与实践检验就不断地被发展及创新。其中，最著名的莫过于 Robichek 和 Myers（1966）的权衡理论、Jensen 和 Mechling（1976）的代理成本理论以及 Myers 和 Majuf（1984）的融资优序理论。

3.3.2　权衡理论

MM 理论只考虑到进行债务融资所带来的税收抵免收益，却忽略了负债融资同样能为企业带来额外的风险和费用。既要考虑负债带来的税收抵免收益，又要考虑负债所带来的各种额外风险和费用，并对二者进行适当的平衡来稳定企业的价值。这就是权衡理论所要研究的核心问题。

Robichek 和 Myers（1986）的权衡理论是在 MM 理论研究的基础上，综合考虑了破产风险、代理成本、财务困境成本、债务税盾等影响因素后，得出了公司的最佳资本结构，就在债务融资的边际抵税收益与边际成本增加之间的均衡点上。权衡理论的观点为，企业因债务融资比例过高而带来的风险，主要是指企业的破产风险或财务拮据成本的增加。破产风险或财务拮据成本是指，企业因为没有足够的债务偿还能力，不能及时偿还到期的债务而为企业带来的风险。当财务拮据的情况发生时，即使企业最终并没有破产，也会因此而产生许多的额外费用，或者是带来大量的机会成本。例如，当企业已发生或即将发生财务困境的时候，企业可能会被迫大幅削减许多必要的资本支出，尤其是那些从长远来看有利于维持企业持久健康发展的研发支出；或者是将会迫使企业采用以低价出售资产，进行重组等手段来应对风险。此外，公司若进行重组，又会因重组或破产而带来其他的成本，如会计师费用、律师费用及支付给投资银行的费用等。包括股东和债权人在内的投资人，也会因为预期到公司将出现财务困境而要求企业给予他们相应的风险补偿等。因此，企业财务困境的发生由于会带来上述成本的增加，从而将导致股东的价值出现下降。但是，如果企业的盈利能力较强或者是公司规模较大，则其破产成本相对会小一些。

3.3.3 代理成本理论

在 MM 理论中，暗含一个假设，即公司的管理者总是本公司股东利益代表，其中不存在代理成本。但是，在现实生活中，绝大部分公司的管理权与公司所有权是相分离的，管理者自身也是理性的经济人，从而就必然会产生代理问题。Jensen 和 Meckling（1986）率先提出了用代理成本的观点来研究资本结构的想法。Jensen 和 Meckling 将代理成本定义为：委托人为了监督、约束与之有利益冲突的代理人，而设计的一组契约是要支付成本的，外加上因执行契约而导致的成本超过受益所造成的剩余损失之和。

Jensen 和 Meckling 在确定了代理成本概念的基础之上，通过分析公司股东与经理人、股东与债权人之间的利益冲突后提出，随着股权—债权比率的变动，公司选取的目标资本结构应该是，由负债融资带来的收益增加与其发生替代效应之间的相互权衡的结果，这将实现公司的价值最大化。他们的解释是：一方面，债务融资的增加会提高公司经理的股权占有比率，从而可以缓解公司股东与经理人之间的利益冲突，这是企业进行债务融资的好处。另一方面，债务融资的增加又会产生资产的替代效应。所谓资产替代效应，即公司的股东因为追逐高风险、高收益投资项目而降低了企业的价值，从而给公司的债权人带来了损失，这是企业拥有负债的坏处。在债务融资的好处与损失之间进行权衡，就可以得出公司的最优资本结构。

3.3.4 融资优序理论

Myers 和 Majuf（1984）的融资优序理论认为，由于存在信息的非对称和逆向选择等问题，企业所进行的融资行为会表现出明显的偏好顺序：一般来说会首先考虑内源融资，之后考虑银行信贷融资或债券融资，最后才会考虑发行股票。如果一个企业的盈利能力较强，则可利用的内源融资将会有较好的保证。因此，企业的盈利能力与内源融资行为之间会表现出较强的正相关关系，与外源融资行为之间则呈负相关关系；同样的道理，企业的流动性能力指标与内源融资行为之间也应该呈现出显著的正相关关系。此外，成长性较强的企业，往往容易产生内部人与外部人之间的信息不对称问题，为避免价值被低估，企业就会更加倾向于选择内源融资。因此，企业的成长性与外源融资行为之间呈负相关关系。

3.4　过度投资理论研究

3.4.1　过度投资的"经理商业帝国主义"假说

熊彼特（1911）指出，经理是"商业帝国"的建造者。经理之所以偏好建造个人商业帝国，是因为经理所追求的地位、权力、薪酬以及特权均与企业的规模成正比。因此，作为企业日常经营的实际管理者，出于自利行为的动机，经理可能会将企业的资源投入不能为股东创造财富但对经理人有利的项目之上。目标的偏离使经理耗尽企业剩余资金投资于低效率的项目，以期实现企业规模扩大的最大化。对企业的经理来说，企业可利用的现金流量基本决定了投资支出，即使投资项目的投资回报低于其机会成本，也会进行投资，从而形成过度投资。经理的这种追求投资规模而非投资效益的特征被称为"经理商业帝国主义"。Devereux 和 Schiantarelli（2012）的研究结果表明，相对于规模小的企业，规模大的企业现金流对投资支出的影响更大，因而这些企业可能存在现金流的过度投资现象，表明规模大的公司更可能存在"经理商业帝国主义"现象。

3.4.2　过度投资的自由现金流假说

自由现金流理论将代理成本理论推广到公司理财和组织设计之中，变成了代理理论的一个重要分支，自由现金流理论主要关注企业现金流的代理成本问题。Jensen（1986）把自由现金流解释为：企业在满足了净现值大于零的所有投资项目所需资金后的那部分现金流量即为自由现金流量。当企业存在大量自由现金流时，从理论上来讲，为了实现其价值最大化的目标，出于对股东利益的考虑，企业应该向股东派发红利，或者进行股份回购。但管理者由于存在自利行为的动机，很有可能会将企业的自由现金流以低于资本成本的回报率进行对外投资，从而使得自身从中获取额外的收益。大量研究结果表明，自由现金流数量越多的企业，其存在的过度投资现象一般也越严重。可以看出，企业股东和管理者之间的利益冲突会体现在对自由现金流的支配权上，并随着自由现金流量的增加而愈演愈烈。基于此，管理者的过度投资行为就应运而生了。

3.4.3 过度投资的资产替代假说

资产代替，也被称作风险转移，限于当今的企业治理现状，在一般情况下，股东对企业只承担有限责任，这造成了股东与债权人之间在收益与风险分担方面的不对称性。股东在进行投资决策时，有可能会把从负债融资中获得的资金投资于偏风险高的项目上。Mikkelson 等（1991）的研究表明，企业在负债后，股东将有可能放弃事先债务契约所规定的较低风险的项目，而将负债资金转移到具有较高收益且较高风险的投资项目，客观存在着负债的资产替代现象。这是因为，一旦投资成功，债权人只会享有投资前在债务契约中约定好的固定收益，而剩下的因伴随高风险而来的超过低风险投资项目回报率的额外收益，绝大多数将被企业股东所有。但是，如果高风险项目发生投资失败，在股东有限责任的前提之下，股东仅以投资额为限对企业承担责任，而债权人将会承担绝大部分的投资损失成本。股东和债权人之间的这种收益与风险的不对称性，客观上将会导致他们之间的利益冲突，并会使得企业股东有动机和能力来做出违反一般客观原理的投资决策，大大提高了企业投资失败的概率，进而引发过度投资问题的产生。

3.4.4 过度投资的信息不对称假说

信息不对称指的是，在市场上，某些参与人拥有另外一些参与人不拥有的信息。Narayanan（1988）认为，当企业的管理者掌握了比投资人更多的投资项目关于信息时，企业的投资者与管理者之间就产生了对投资项目的信息不对称问题。Narayanan 指出，当涉及新增的投资项目时，如果存在信息不对称的情况，那么很可能会出现过度投资现象。该理论认为，市场一般会通过项目的净现值这一信息来试图识别所有的企业，但是实际上，这一举措是无法实现的。因此，在这种状况下形成的对企业投资项目价值估值上的均衡，不过是全部项目的混合均衡而已。因为每个项目都具有不同的净现值，但却会以平均价值估价来发行股票。这样一来，假如项目的净现值较低，而发行股票的价格又是基于企业投资项目的平均价值，从而就会导致有些企业的股票被高估，这些企业必然会从中获得额外收益，如果这部分收益大于企业因投资净现值小于零的项目，企业就会有利可图，所以就会发生有些企业去投资非盈利项目的现象。因此，Narayanan 进一步指出，企业会因发行被高估的股票而获利，其所选取的项目净现值就一定会存在一个临界点。而且该临界点一定会小于零，所有净现值大于这一临界点的投资项目，都会被该企业关注，从而导致投资过度问题的产生。

4 高管团队背景特征与财务困境

4.1 引言

众所周知，所有的企业都是由人在经营和管理的，管理人员不同的决策及行为选择导致了同一企业的不同结局，有些企业不断发展壮大，有一些企业却渐渐衰退，并最终陷入财务困境之中。即使是在相同宏观经济大环境下，同一行业里的不同企业的发展表现也有差异。因此，我们认为，由资本结构不合理、过度投资、管理不善、战略失误、环境适应不利等因素，为企业的生存及发展所带来的困难，归根到底是由人造成的，人的因素在其中发挥着关键性的作用，尤其是企业高管，因为企业高管的决策和行为比基层管理人员的决策和行为更加重要。然而，企业高管的决策行为是如何做出的呢？在面临相同的情况时，为什么不同的企业高管会选择不同的战略。并且究竟是哪些因素在发挥着决定性作用呢？

在现今激烈的市场竞争环境下，企业若想立于不败之地，仅凭一个人的能力肯定是不行的，运行良好的企业离不开群体的共同智慧和能力。在这种背景下，高阶理论应运而生。高阶理论进行推理的前提是基于企业高管的有限理性，其研究的主要对象是整个企业高管团队。高阶理论认为，一般情况下，企业高管都是有限理性的。然而，企业高管们所面临的决策环境却是十分复杂的，经常会有超出高管理解范畴的事件发生。这时候，企业高管一般会根据自身的价值观、认知、洞察力等做出行动决策，而决策质量最终会反映到企业的绩效上来。由此，我们可以看出，企业高管团队成员不同的价值观、认知、洞察力等能够影响到企业绩效及战略选择。不仅如此，高阶理论还认为，作为决定企业高管团队行为决策模式的价值观、认知、洞察力等，主要源于企业高管的背景特征，如年龄、性别、学历、专业、职业背景等（Hambrick and Mason，1984）。企业高阶理论提出后，在企业绩效和企业战略选择方面的研究上，高管团队的背景特征就越来越受到重视。而企业绩效的好坏和企业战略选择的正确与否，直接关系着企业自身的成败，有些企业因此会不断发展壮大，有一些企业可能会慢慢走向衰退，并最终陷入财务困境之中。

资源依赖理论则认为，企业是一个在组织管理框架下进行生产的资源集合体（Penrose，1959），企业的发展离不开资源，一个企业在做战略决策时，其独特的资源和能力是制定与执行战略决策的基础。因此，资源依赖理论解释了为什么中小企业在公司治理和其他资源的缺乏方面会处于更加不利的地位。企业发展离不开人才，高管团队是一个企业最为宝贵的资源。在此基础之上，我们认为，管理团队成员资源禀赋与其背景特征密切相关，例如，与低学历层次的管理团队相比，高学历层次的管理团队所接触的社会人员层次可能会比较高，其社会关系网络资源相对也会更加丰富，对外部资源的获取就较容易。另外，高学历层次的管理团队成员的素质可能会更高，其管理方式和理念与低学历层次的管理团队相比，也可能会更加科学，这些都有可能使高学历层次的管理团队所管理的企业，取得比低学历层次的高管团队所管理的企业更加优异的企业绩效，并进而降低企业陷入财务困境的概率。

代理理论则指出，人是自利的，经理人作为代理人被认为具有机会主义倾向。因此，管理者在进行战略决策和选择时，一般并不是从资源和客观动因而出发的，而是可能会以牺牲股东的利益为代价，来降低自身的就业风险及谋求自身的利益最大化。Jensen 和 Meckling（1976）指出，管理者出于自我寻利的行为动机，可能会不顾公司股东及债权人的利益，做出一些伤害公司的战略决策，如任意并购其他公司、购置豪华私人设备、去著名旅游区以及参加对企业经营益处不大的商务旅行等活动，从而导致公司经营成本上升，并最终影响到企业的生存能力。Shleifer 和 Vishny（1997）、La Porta（1999）也发现，代理问题会增大控制股东对公司资源的挪用或侵占的概率，产生负的侵占效应，增加公司陷入财务困境的可能性。然而，笔者认为，管理者的背景特征不同，其作为委托人的代理成本也会存在差异。例如，管理者的年龄与管理者代理成本可能就存在联系。对于年轻的企业高管来说，他们日后的职业生涯还很长，若企业高管因牟取私利，损害或违反了公司的利益及规定而遭到查处，其所承担的机会成本比年长的企业高管会更高，这反而使得他们的代理成本可能会更低。

综上所述，可以发现，不管是从高阶理论还是从资源依赖理论的视角，抑或是从代理理论的视角来对财务困境的成因进行分析，结果最终都指向了企业高管的背景特征。早在几十年前，恩格斯就说过，人们"行动的一切动力，都一定要通过他的头脑，一定要转变为他的愿望的动机，才能使他行动起来"。而通过前面的分析我们又已知道，人的价值观、意识等根源于自身的背景特征。所以，我们认为，从高管团队背景特征的视角去研究企业财务困境发生的成因，是非常具有现实意义和理论价值的。

4.2　理论分析及研究假设

Hambrick 和 Mason（1984）提出的高阶理论开启了人们对于高管团队的研究。高管团队的背景特征变量一般包括年龄、性别、团队规模、学历、专业程度、工作经历等，背景特征具有稳定性及可持续性，是对高管团队进行描述的重要手段，而且其数据易于获得，比较准确；此外，高管团队背景特征变量还被认为是其心理特征如价值观、认知、性格、经验变量等的"反射镜"，且高管团队的心理特征根基于背景特征。当前，国内外学者基于高管团队背景特征的研究，主要包括两个视角：高管团队背景特征的同质性和高管团队背景特征的异质性。

一般认为，同质性适于解决常规问题，而异质性则适于解决特殊问题。同质性是指高管团队成员之间背景特征及重要态度、价值观的趋同化；而异质性则指高管团队成员之间背景特征的差异化，也包括认知及经验上的差异。Hainbrick 和 Mason（1984）认为，在相对稳定的环境中，高管团队内部的同质性，将导致相似的感觉和相互吸引，特别是价值观、认知、经验等方面的趋近，会增加高管团队的识别力和内聚力，这能够有效地避免内部过程损失，进而使得同质高管团队比异质团队更快地做出战略决策；但是相似的背景和经验在减少沟通障碍，使得交流变得更加容易的同时，可能也存在因为团队成员的思维趋同，而导致遗漏市场机遇，对问题不敏感等事件的发生。Murray（1989）则认为，在相对稳定的环境中，高管团队异质性将导致企业内部缺乏内聚力，并进而对企业绩效产生负面影响。Carpenter（2000）的研究发现，高管团队异质性与企业绩效正相关，尤其是在企业的国际化水平较高时，高管团队的异质性与组织绩效间会呈现出更强的正相关关系。Hambrick 和 Daveni（2001）认为，高管团队的异质性可能会使得企业业绩不佳，进而导致企业破产。这是因为，高管团队异质性使得企业的业绩变差。接下来，变差的业绩又会使得团队成员更加异质化，这会成为一种连续的恶性循环，并最终导致企业失败。

鉴于以上的分析和归纳，本书接下来的研究从高管团队背景特征的同质性和异质性两个方面入手，去分别探究它们对企业财务困境的发生所造成的影响。

4.2.1 高管团队成员年龄与财务困境

众所周知，一个人的价值观和行为模式会随着年龄的增长而发生变化。因为处于不同人生阶段的人的需求不一样，所以它们追求的目标就会存在差异。青年管理者渴望被社会肯定，渴望成功，并以此来作为人生价值实现的标志，他们富有朝气，冲劲十足，勇于尝试新鲜事物，进取心强；中年管理者作为社会的中坚力量，经过多年的风雨历练，一般来讲，与青年管理者相比，其思想会更加成熟，所做出的决策也更加理性。另外，作为中年人，对上需要赡养父母，对下需要抚养子女，因此，对于处在这个年龄段的人来说，对责任的强调可能会非常重要，相较于青年人，他们在做决策时也会更加谨慎；对于年长的管理者来说，与前二者相比，可能会把财务与职业安全看得更加重要，年长的管理者一般都已拥有稳定的社会活动圈，其消费特征相对单一，外加上对退休收入的期望，可能他们更愿意维持现状，采取保守战略（Carlsson and Karlsson，1970）。另外，一个人的体力、精力、学习能力等，也会随着年龄的变化而有所区别。这些都有可能会通过管理者并最终反映到企业的绩效上来。

Tihanyi 和 Ellstrand（2020）认为，平均年龄低的高管团队对在复杂环境下管理企业的自信心会更强，更愿意推进企业的国际化经营。他们在越来越激烈的市场竞争中，拥有先天的年龄优势，即他们更容易接纳新鲜事物、新的思想、新的行为方式等。此外，年轻的管理者对技术与市场环境变化的感知往往要快于年长的管理者。Wiersema 和 Bantal（1992）也认为，年轻的管理者有更强的适应能力、创新意识，而年长的管理者则不太愿意采用新观点或新举措。这主要是，年长的管理者可能由于精力、体力和学习能力下降，决策时整合信息的能力较弱，对变化的适应度也越来越低（Taylor，1975），他们更愿意依靠过去的经验，做决策时也更为呆板，不愿意尝试改变，倾向于采取风险较少的决策。总之，高管团队成员平均年龄越大，制定的企业战略就越保守，从而使得企业丧失市场机会（Tihanyi et al.，2020）。尽管如此，年轻的管理者也有可能会过度自信，外加上经验上的不足，给企业经营带来巨大的风险。姜付秀等（2019）通过实证分析表明，过度自信的管理者所实施的企业扩张战略会大大增加企业陷入财务困境的可能性。他们可能会做出过度投资的决策。Malmendier 和 Tate（1988）的研究结果也表明，在过度自信的管理者当中普遍存在过高估计他们所选择的投资项目质量的现象，并最终可能会导致他们做出过度投资的错误决策。

另外，年长的管理者所采取的风险较少的决策，也有可能会使得企业的经营更加稳健（Carlsson and Karlsson，1970；Vroom and Pahl，1971）。魏立群、王智慧（2012）的研究结果表明，团队成员的平均年龄越大，公司的绩效就会越好。尚晓玲（2014）也认为，年长的高管也具有自身的优势，即随着年龄的增长，其所积累的管理经验和人脉关系，对企业的发展来说也是极为重要的。

综上所述，笔者认为，对于年轻的管理者来说，一方面，由于他们学习能力、适应能力、对信息的整合能力强，所以他们具备更强的创新意识，也更容易接受新鲜事物、新的思想、新的行为方式等；另一方面，年轻的管理者的心智可能还没有达到足够的成熟，外加上经验上的不足，在年轻的管理者身上可能会出现过度自信的现象，并因此会给企业带来负面影响。此外，年轻的管理者在社会关系方面的积累也可能还存有欠缺，但年轻的管理者身上的这些不足，可以随着时间积累、阅历的增加，而逐渐得以改进。对于年长的管理者来说，一方面，由于精力、体力和学习能力的下降，决策时整合信息的能力较弱，对变化的适应度也越来越低，所以它们会更倾向于采取更加保守的企业战略，这又可能导致企业丧失市场机遇；另一方面，年长的管理者在经验和社会关系积累方面可能会存有优势，这对企业的发展又是有益的。可以看出，不管是年轻的管理者还是年长的管理者，对企业的发展来说，他们都同时存有独特的优势和劣势。至于哪种效应会表现得更强势一些，笔者认为，那要看年轻的管理者有多年轻，年长的管理者究竟有多老，关键是一个度的问题，即年龄大小这个尺度。据此，我们提出假设 1a。

假设 1a：高管团队成员平均年龄与企业财务困境呈"U"形关系，即随着高管团队成员平均年龄的增长，企业财务困境发生的可能性会呈现出先降低后增加的态势。

Tihanyi（2020）提出，年龄异质性是高管团队背景特征里面影响战略决策过程的一个重要因素之一。Wiersema 和 Bantel（2006）认为，当团队成员间的年龄差异较大时，对战略问题会产生多种看法，从而刺激企业考虑战略变化。Cox（2010）也认为，若一个公司的高管团队由不同年龄段的成员组成，那么高管团队就会把各种经验和观念包含在内，这样可能会使企业做出更高质量的战略决策，从而使得异质性高管团队为企业带来更高的绩效。Milliken 和 Martins（2011）的研究结果表明，高管团队年龄异质性对团队决策水平和企业绩效有很大的促进作用。Richard 和 Shelor（2022）则发现，高管团队年龄异质性程度与销售增长正相关，支持了信息决策理论。他们还发现年龄异质性程度与销售增长是曲线的关系，在高管团队的年龄异质性程度较低和中等程度时，与销售增长负相关，而在高管团队的年龄异质性程度很高时，与销售增长存在正相关关系。这表明解释年龄异质性影响的两种理论都有效，也说明为什么年龄异质性在不同的研究中表现出不同的结果。李玮文（2016）指出，高管团队的年龄异质性对战略变化有正向的影响。陈忠卫和常极（2019）的实证研究结果表明，高管团队年龄异质性与集体创新能力之间存在明显的正相关关系。

通过前面的分析，我们已经知道，一般认为，同质性高管团队适于解决常规问题，在稳定的环境中更有效率；而异质性团队则适于解决特殊问题，在复杂多变的环境中更有效率。而当前的中国正在进行改革开放，国家的发展日新月异，市场上的竞争越来越激烈，整个社会都处于深刻变革之中。在这样的大背景之下，企业所面临的外部环境也会越来越复杂。所以，我们认为，目前异质性高管团队会更加适应中国的发展趋势，以应对日益增长的不确定性。与同质性高管团队相比，异质性高管团队在管理上会更有效率。Panayiotis 等（2011）在研究了管理的有效性与企业财务困境的关系后发现，无效管理与财务困境发生概率正相关。Lubomir（2021）也发现，企业管理不善是导致财务困境发生的一个重要因素之一。据此，我们提出假设 1b。

假设 1b：高管团队年龄异质性与企业财务困境的发生负相关。

4.2.2 高管团队成员学历水平与财务困境

一个人的学历水平能直接反映这个人掌握的知识和技能，因此，个人的学历水平被认为是与灵活应变、信息处理能力等正相关的（Smith，2000）。Smith 等（2007）认为，个人的学历水平与灵活应变及信息处理能力呈正相关关系，而且这种从教育中获得的道德观念以及价值观也会在高管层中进行传播，从而全面影响团队的绩效。在一项针对银行的研究中发现，平均学历水平高的高管团队与该银行的创新能力正相关，且平均学历水平高的高管团队更倾向于采取重要的战略决策，其在执行战略变革时也更加成功，获得好的绩效概率会更高（Bantel and Jackson，1989）。Hambrick 等（1984）、Cho 等（2007）的研究结果也表明，高管团队平均学历水平越高的企业，其战略行动的可见性越高、涉及范围越广以及速度将越快，在遭到竞争对手进攻时比低学历水平的高管团队反应更加迅速。Bantel（2006）认为，平均学历水平高的高管团队更容易成功施行战略变革，高管团队平均学历水平对企业战略变化的影响最大。王瑛等（2023）在探讨了管理者的学历与企业创新策略及企业绩效的关系后认为，在管理者学历低的企业中，产品创新策略与绩效之间呈显著的负相关关系，而在管理者学历高的企业中，产品创新策略与绩效之间呈显著的正相关关系；在管理者学历高的企业中，产品创新策略与研发投入强度之间呈正向关系，而在管理者学历低的企业中，产品创新策略与研发投入强度之间呈负向关系。Shipilov 和 Danis（2016）从社会资本的角度出发进行分析后认为，在通常情况下，学历水平较高的高管团队将会比学历水平较低的高管团队拥有更多的社会资本，而高管团队拥有的社会资本，则是企业取得最优绩效的关键因素。胡荣（2023）的研究也发现，管理者的学历水平越高，其社会交往的参与度越高，交往对象的社会层次也越高。Tihanyi（2020）的研究也显示，高管团队成员的学历水平越高，高管团队能够获得的对管理有益的有效信息也会越多，聚集战略资源的相对效率也会越高，越有可能制定出及执行有利于企业发展的战略。

国内外关于高管团队平均学历水平的研究，基本上取得了一致性的结论。从中我们可以发现，在一般情况下，高管团队成员平均学历水平越高，越有利于企业的创新，越有利于企业实施成功的战略变革，当遇到竞争对手的进攻时，反应速度会更快。另外，高平均学历水平的高管团队通常也会拥有更多的社会资本，其社会参与程度及交往对象层次都较高。以上这些表明，高管团队平均学历水平越高，企业获取成功的可能性就越大，企业的绩效也就越好，企业发生财务困境的可能性自然就大大得以降低。因此，我们提出假设 2a。

假设 2a：高管团队成员平均学历水平与企业财务困境的发生负相关。

Smith（2008）认为，学历水平的异质性为团队提供了多元化的信息、对现象理解的层次会更深，从而能够提高战略决策的质量以及企业的绩效。Simon 等（2014）发现，学历水平异质性优势的发挥，与高管团队内的讨论呈正相关关系，而团队内适度的讨论，强化了学历水平异质性的积极影响，如果没有讨论，由高管团队学历水平异质性导致的认知差异就会只是停留在初始阶段，不会形成相互观念的交流、融合；而高管团队成员之间的相互讨论，可以使各成员遇到新的观点、信息时，会重新审视自己的观点和思考是否忽略了关键的影响因素。肖久灵（2016）在异质性方面的研究结果表明，学历异质性可以使团队成员从不同的角度看待各种问题，更能增强团队成员的创新能力，产生更多的创新观点，进而提高高管团队的整体效能。李玮文（2016）发现，高管团队成员平均学历水平异质性与企业的战略变化正相关。谢凤华等（2018）的研究表明，高管团队成员的教育水平异质性，与研发绩效、生产制造绩效和创新过程绩效等都呈正相关关系。总体而言，高管团队成员学历水平异质性对企业绩效呈现出有利的影响。因此，我们提出假设 2b。

假设 2b：高管团队学历水平异质性与企业财务困境的发生负相关。

4.2.3 高管团队成员任期与财务困境

众多研究表明，高层管理团队成员平均任期，对组织战略、绩效有着的显著影响（Finkelstein，2001）。Hambrick 和 Aveni（2004）在比较了破产企业与成功企业间高管团队特征差异时发现，破产企业高管团队的平均任期明显要短。由此，他们指出，高管团队成员的任期过短使得团队内成员间的相互了解不够，缺少足够的信息收集整合的时间，外加上成员间没有进行充分的信息交流，并最终造成企业的战略决策错误。但是若高管团队成员的平均任职年限过长，可能又会产生圈内思维（Group-Think），从而导致发生排斥外部观点和印象的风险（Bantel and Jackson，1989）。Hambrick（1990）认为，随着高管团队成员任期的增加，高管团队成员逐渐表现出对风险的厌恶趋势，信息处理的限制也开始增加，企业战略过于谨慎、保守，业绩开始趋于维持的现象也十分突出。由此可见，高管团队成员的任期过长，就有可能带来负面影响。Grimm 和 Smith（2005）在对高管团队成员任期的研究中也发现，当企业高管的任期增加时，他们开始趋于对企业发展战略做较少的调整。Michel 和 Hambrick（2008）还发现，在高管团队成员任期过长的公司中，往往容易出现组织内的小团体。在小团体内，兄弟般的感情代替了个体间的差异，弱化了高管团队成员背景特征的互补作用，这会造成他们对当前战略行为的承诺与依赖，并出现战略选择上的路径依赖现象，这不利于企业战略上的创新。

Finkelstein 和 Hambrick（2020）认为，任期短的高管团队，可能会存在对外部环境中的机会、威胁认识不够或不敏感状况，从而导致企业战略决策失误的概率较高；但随着高管团队成员任期的增加，高管对企业各种资源的认知程度逐渐加深，其对外界环境的识别能力就会增强。Barker 和 Mueller（2012）也发现，任期长的高管团队成员对通过投资研发而追求创新的战略不感兴趣，他们将更倾向强调稳定和效率；与之相反，任期短的高管团队成员将更加愿意承担风险，并把更多的资源投入研发中去，因为他们急于用一些成果来证明自己是能够胜任当前职位的。Katz（1982）认为，高管团队成员的任期与绩效呈倒"U"形关系，他指出在融合期和革新期，随着高管团队成员的不断融合，各自发挥出不同的专长。但 2~5 年以后，高管团队进入了稳定期，高管团队成员会逐渐变得缺乏适应性和创新性，此时高管团队的绩效将会开始下降。考虑到已有的研究成果以及中国的实际情况，我们提出假设 3a。

假设 3a：高管团队成员平均任期与企业财务困境间呈"U"形关系，即随着高管团队成员平均任期的延长，企业财务困境发生的可能性呈现出先降低后增加的趋势。

Dutton（1987）认为，由不同任期的成员组成的高管团队，将具备多样的信息收集途径及对信息的多角度解释，能够产生多种战略方案，并可对这些方案进行全方位的评估，从而保证决策的高质量，促进组织的健康发展。Smith 等（1994）也认为，高管任期异质性较高的团队，在社会网和组织经验方面，可能会更具有多元化的价值。Boeker（1997）则发现，高管团队成员任期异质性，增加了企业打破原有管理模式、重塑发展战略的机会，高管团队成员任期异质性程度越高，企业发展战略的改变程度也越大。Athanassion（1999）的研究结果表明，与高管团队成员任期相关的经验和关系网络影响了团队成员所提建议的重要程度和效用，由不同任期的成员组成的高管团队，能为企业开拓国际市场提供更丰富的选择方案，因此，高管团队成员任期的异质化企业，其国际化战略决策水平也更高。Priem（2010）指出，任期同质性的高管团队，可能缺乏多元化的有效观点，而任期异质性的高管团队则拥有更加丰富的社会经验和组织经验，从而可以形成多元化的创新观点。Srivastava 和 Lee（2018）的研究结果表明，高管团队成员任期异质性越强，企业越会倾向早于竞争对手推出新产品，更有可能成为行业的领先者而不是模仿者。基于以上分析，我们可以看出，高管团队成员任期异质性，在企业的战略正确制定、执行及企业绩效提高方面，都能产生正向影响。据此，我们提出假设 3b。

假设 3b：高管团队任期异质性与企业财务困境的发生负相关。

4.2.4　高管团队成员专业背景与财务困境

随着对高管团队研究的展开，越来越多的学者意识到，高管团队专业背景异质性反映了高管团队的社会认知与技能的多元化，这也体现出高管团队成员在社会和职业关系上的宽度。Bantel 和 Jackson（1989）的研究结果表明，高管团队专业背景异质性与企业的创新绩效存在显著的正相关关系。Simons 等（2009）也认为，专业背景异质性与企业绩效显著正相关。Bantel 和 Jackson（1989）对小型银行进行研究时发现，高管团队成员在专业背景方面的异质性越强，就越能够产生好的战略决策。Wiersema（1992）也发现，一个人的专业背景与他的专业技能以及由此产生的偏好、认知观念密切相关，与企业的战略选择、企业绩效间的关系就更加直接，高管团队成员专业背景异质性越强，就越容易获得一系列多元化的信息、技能和观念，从而拥有更加广泛的关于战略方案制定的设想，所以高管团队成员专业背景异质性越强，企业发展战略的变革能力就越强。Carperten（2002）认为，高管团队成员专业背景异质性，可以使得各种专业人士共同讨论，这有利于企业对现有战略进行准确的评估，并在更大范围内产生可供选择的战略，以及对这些战略进行多方面的比较。因此，异质性的高管团队在复杂环境中，对企业绩效的影响会更大。Hambrick 等（2015）则发现，高管团队成员专业背景的异质性程度与应对竞争变化所需的更高水平的进取心正相关。Amason 和 Sapienza（2006）认为，高管团队成员专业背景的异质性有利于提高企业的决策质量，因为异质性的高管团队能够从不同的角度来研究一个复杂问题，所以说，高管团队的专业背景异质性可以为企业解决复杂问题的能力带来创造力（Polzer 等，1998）。Carmen 等（2017）认为，高管团队成员专业背景异质性越强，则高管团队对变化和创新的理解的必要性认识越深刻，解读信息的能力就越强，透彻分析复杂问题的能力也会更强。综上所述，我们可以看出，高管团队成员专业背景的异质性能够对企业绩效产生正面影响。据此，我们提出假设4。

假设4：高管团队专业背景异质性与企业财务困境的发生负相关。

4.2.5 高管团队规模与财务困境

Hill（1989）、Jackson（1992）认为，与小团队相比，大团队拥有更多解决问题的资源和更强能力，据此能够提高企业绩效。Carpenter 等（2016）也发现，高管团队的规模越大，对企业的绩效越具有积极的影响。Srivastava（2015）的研究表明，高管团队的规模越大，对新产品开始流动的安排就会越早，流动时间也越快，企业成为领导者的可能性就越大。Rivastava 等（2015）认为，规模较大的高管团队，意味着拥有更为广泛的社会关系网络，能够实现从更加广阔的领域中为企业的战略决策搜寻信息，这表明规模越大的高管团队对信息的处理能力就越强，使得企业能够更大程度地参与到新产品开发中去，这将会对企业创新产生积极的影响。Hambrick 和 avenis（2003）则认为，高管团队所拥有资源的多寡，主要取决于团队组成人数的多少，因此，众多研究发现，高管团队的人数是处理信息和制定战略决策时的重要资源，人数多代表高管团队解决问题时的资源丰富，更有可能做出高质量的决策。Haleblian 和 Finkelstein（2007）指出，大团队具备四个方面的优势：①高管团队较多的成员会增加团队信息来源的数量；②在分析和讨论的过程中，大团队参与的人员较多，这增加了企业改正判断失误的机会；③大团队提高了针对某一问题的理解能力；④大团队增加了可供选择的战略解决方案。总之，大团队在解决问题的能力及拥有的资源方面都优于小团队，这能保证大团队做出高质量决策，从而提高企业绩效。据此，我们提出假设5。

假设5：高管团队规模与企业财务困境的发生负相关。

4.2.6 高管团队成员任职经历与财务困境

Hambrick（1984）认为，高管人员在不同行业、不同企业以及同一企业的不同部门的任职经历，影响了他们的知识结构、观念和工作取向。Katz（2001）的研究发现，高管团队成员间不同的从业经历，增强了高管团队对多层面问题的解读能力，进而使高管团队能够制定出多种解决方案，并对制定出的方案进行多角度评价，从而提高了企业决策的质量和绩效。Weick（1987）则认为，由不同从业经验背景的人员组成的高管团队，不但能够观察到外部环境中的各种事件，而且能够注意到同一事件的不同方面，因此，高管团队所能获得的信息要远超个体单独得到的信息。Lant等（2004）通过行业背景来研究职业背景，他们认为，具有多种行业背景的高管团队人员能够对环境进行更加有效的审视，始终对环境的变化保持高度的警觉性。Hambrick、Cho和Chen（2010）的研究结果表明，无论是从企业的市场占有率还是从企业的利润上来讲，高管团队任职经验的异质性都发挥了积极的影响。陈伟民（2019）的研究发现，我国上市公司高管职业经验背景的异质性，对企业绩效有显著的促进作用。据此，我们提出假设6。

假设6：高管团队任职经历异质性与企业财务困境的发生负相关。

4.3　研究设计

4.3.1　样本选择与数据来源

本书选取 2020—2022 年在沪深证券交易所上市的 A 股上市公司为研究样本。本书剔除了回归中所使用变量值缺失的公司，在此基础上，还对研究样本做了如下四个方面的处理：①剔除了金融行业的公司。金融行业会计准则与其他行业会计准则具有较大差异，相关指标在金融行业与非金融行业之间不具有可比性，本书遵从以往的研究惯例，予以剔除。②剔除了研究期间董事长发生变更的上市公司。③为了避免公司上市之初在许多方面所做的粉饰、包装等因素的影响，本书选取了 2018 年 12 月 31 日之前上市的公司作为研究样本。④本书对所有控制变量进行 winsorize 处理，小于 1% 分位数与大于 99% 分位数的变量，令其值分别等于 1% 分位数和 99% 分位数。经过筛选，最后用于研究的公司样本总数为 3 364 个。

本书所用的数据全部来自上海证券交易所、深证证券交易所、国泰安数据库、聚源数据库、金融界网（www.jrj.com.cn）、巨潮资讯网（www.

cninfo.com.cn）。

4.3.2 模型构建与变量说明

根据本书的以上讨论，参照 Hambrick 和 Mason（1984）、Bantel 和 Jackson（1989）、Wiersema 和 Bantel（2006）、Hambrick 和 Aveni（2006）、Carpenter 等（2014）、姜付秀等（2019）的研究方法，我们分别建立了以下检验模型：

$$Z_i = \beta_0 + \beta_1 \text{Sage}_i + \beta_1^* \text{Sage}_i^2 + \beta_2 \text{Sdegre}_i + \beta_3 \text{Stime}_i +$$
$$\beta_3^* \text{Stime}_i^2 + \beta_4 \text{Ssize}_i + \beta_5 \text{ROA}_i + \beta_6 \text{Share}_i + \beta_7 \text{Indr}_i +$$
$$\beta_8 \text{Lev}_i + \beta_9 \text{Size}_i + \beta_{10} \text{Gov}_i + \sum \text{Year} + \sum \text{Industry} + \varepsilon_i \qquad (4\text{-}1)$$

$$Z_i = \beta_0 + \beta_1 \text{Dage}_i + \beta_2 \text{Ddegre}_i + \beta_3 \text{Dtime}_i + \beta_4 \text{Dedu} + \beta_5 \text{Djob}_i +$$
$$\beta_6 \text{ROA}_i + \beta_7 \text{Share}_i + \beta_8 \text{Indr}_i + \beta_9 \text{Lev}_i + \beta_{10} \text{Size}_i + \beta_{11} \text{Gov}_i +$$
$$\sum \text{Year} + \sum \text{Industry} + \varepsilon_i \qquad (4\text{-}2)$$

模型中变量的定义如下：

因变量。财务困境（Z_i），结合我国的实际情况及国内学者的研究惯例，本书对企业财务困境的界定选用了两种方法：①在实证分析时用 ST 来定义财务困境公司（陈静，2011；张玲，2015；陈晓和陈治鸿，2020；李华中，2021；姜秀华和孙铮，2021；吴世农和卢贤义，2001）；②在稳健性检验时用 Z 指数加以衡量。我们以 1.8 为临界值，来判断企业的财务困境状况，把 Z 值小于 1.8 时界定为财务困境公司（Sudmsanam 和 Lai，2011；姜付秀 等，2019）。

自变量。高管团队背景特征同质性变量包括四个，即高管团队平均年龄（Sage_i）、平均学历水平（Sdegre_i）、平均任期（Stime_i）、团队规模（Ssize_i）。高管团队背景特征异质性变量也包括五个，即高管团队年龄异质性（Dage_i）、学历水平异质性（Ddegre_i）、任期异质性（Dtime_i）、专业背景异质性（Dedu_i）、工作经历异质性（Djob_i）。在度量高管团队背景特征异质性时，我们主要采用两种方法：方法一，标准差系数法（Coefficient of variation）。标准差系数用变量的标准差/变量的均值来表示，标准差系数越大，代表异质性程度越高。Allison（1978）在检验了多种异质性度量方法后，发现标准系数法在测量能够比较高低、大小的连续变量时，具有明显的优势。因此，本书借鉴该方法对高管团队年龄异质性（Dage_i）、学历水平异质性（Ddegre$_i$）以及任期异质性（Dtime$_i$）三个指标进行度量。方法二，Herfindal-Hirschman 系数法。该系数用计算公式对异质性进行度量：

$H = 1 - \sum_{i=1}^{n} p_i^2$，其中，$p_i$ 代表高管团队中第 i 类人员占团队总人数的比例，H 值介于 0~1 之间，H 值越大，表明高管团队中异质性程度越高。该方法通常被用作对不能比较高低、大小，仅性质类型有区别的变量间差异程度的测量。在本书中，我们将采用 Herfindal-Hirschman 系数法，对专业背景异质性（Dedu$_i$）及工作经历异质性（Djob$_i$）两个指标进行度量。

控制变量。借助已有文献（吴世农、卢贤义，2014；Wiersema and Bantel，2004；Hambrick and Aveni，2004；Sudmsanam and Lai，2011；Carpenter et al，2004；姜付秀 等，2019），盈利能力（ROA$_i$）用总资产净利润率来表示。企业盈利能力的强弱代表了企业经营效益的好坏，企业的经营状况的好坏直接反映了其自身的"造血"能力的高低，进而影响到企业陷入财务困境概率的大小。高管团队持股比例（Share$_i$），用高管团队持股之和占公司总股本的百分比来表示。高管持股比例的高低会影响企业代理成本的大小，从而影响企业风险的大小。独立董事比例（Indr$_i$），用独立董事人数占全部董事的比重表示，作为公司治理的替代变量，公司治理好坏影响到企业财务危机发生概率的大小。财务杠杆（Lev$_i$），用资产负债率来表示。财务杠杆系数越大，企业陷入财务困境的概率也越大。公司规模（Size$_i$）。相关研究结果表明，企业的规模越大，企业抗风险的能力会越强。所有权性质（Gov$_i$），我们把所有权性质为国家的取 1，否则取 0，国有企业与民营企业在代理问题上的差异可能会导致企业风险上的区别。年度变量（Year），属于本年度的取 1，否则取 0，年度不同，公司所面临的宏观经济环境也不一样，当宏观经济处于繁荣期时，基本上所有的公司都会跟着受益，而当宏观经济处在衰退期时，一般公司陷入财务困境的概率比繁荣期会大大增加。行业变量（Industry），不同行业里的公司，即使在同一时期，公司间所面临的财务风险也会存在巨大的差异。因为，有的行业正处于初创期，有的行业正处于成长期，有的行业正处于成熟期，有的行业正处于衰退期，各行业所处的发展阶段不一样，不同行业间公司陷入财务困境的概率也就会不一样。本书以综合类型行业（M）为基准，属于本行业的取 1，否则取 0。

变量定义见表 4-1。

表 4-1　变量定义

变量符号	变量名称	变量定义
Z_i	财务困境	方法一：被 ST 的公司。方法二：Z 指数小于 1.8 的公司。
高管团队背景特征同质性变量		
$Sage_i$	高管团队平均年龄	≤30 岁赋值 1；31～40 岁（含 40 岁）赋值 2；41～50 岁（含 50 岁）赋值 3；51～60 岁（含 60 岁）赋值 4；>60 岁赋值 5。每年数据为所赋值的均值
$Sdegre_i$	高管团队平均学历水平	中专及以下赋值 1；大专赋值 2；本科赋值 3；研究生赋值 4；博士生赋值 5。每年数据为所赋值的均值
$Stime_i$	高管团队平均任期	团队成员担任当前职位的平均时间。以年为单位，小数点后保留到月
$Ssize_i$	高管团队团队规模	年报当中披露的高管团队人数
高管团队背景特征异质性变量		
$Dage_i$	高管团队年龄异质性	≤30 岁赋值 1；31～40 岁（含 40 岁）赋值 2；41～50 岁（含 50 岁）赋值 3；51～60 岁（含 60 岁）赋值 4；>60 岁赋值 5。采用标准差系数法进行计算
$Ddegre_i$	高管团队学历水平异质性	中专及以下赋值 1；大专赋值 2；本科赋值 3；研究生赋值 4；博士生赋值 5。采用标准差系数法进行计算
$Dtime_i$	高管团队任期异质性	高管团队成员担任当前职位的时间。采用标准差系数法进行计算
$Dedu_i$	专业背景异质性	在国务院学位委员会的分类基础上，本书对教育专业进行了重新划分，包括科学和工程（理学、工学、农学和医学）、经济管理（经济学、管理学）、文学艺术（哲学、文学、历史学）、法律（法学）、其他（教育学、军事学、无教育专业者）五大类。采 Herfindal-Hirschman 系数法进行计算
$Djob_i$	任职经历异质性	根据高管团队成员在做高管之前的履历，我们把高管任职经历分为生产、研发、市场营销、财务金融、行政管理、其他职业六大类。对于少数具有多种任职背景的高管，选择其任职时间最长的职业。采 Herfindal-Hirschman 系数法进行计算
控制变量定义		

表4-1(续)

变量符号	变量名称	变量定义
ROA_i	盈利能力	用总资产净利润率来表示
$Share_i$	高管团队持股比例	用高管团队持股之和占公司总股本的百分比来表示
$Indr_i$	独立董事比例	用独立董事人数占全部董事的比重来表示
Lev_i	财务杠杆	用资产负债率来表示
$Size_i$	公司规模	期末资产总额的自然对数
Gov_i	所有权性质	所有权性质为国家的取1,否则取0
Year	年度变量	属于本年度的取1,否则取0
Industry	行业变量	以综合类型行业（M）为基准,属于本行业的取1,否则取0

4.3.3 描述性统计

表4-2报告了变量的描述性统计。由此,我们可以看出,样本公司的高管团队背景特征同质性的基本情况是:高管团队平均规模($Ssize_i$)是18人;平均任期($Stime_i$)不到4年,这远低于工业化国家的平均水平9.8年(Tihanyi,2020);高管团队的平均学历($Sdegre_i$)得分为3.115分,处于本科水平;高管团队的平均年龄($Sage_i$)得分为3.418分,在40~50岁的年龄段,具体对应在44岁,可能这一年龄段的企业高管在经验和精力体力上都处于一个比较好的状态。高管团队异质性的基本情况是:高管团队年龄异质性($Dage_i$)得分为0.244分;专业背景质性($Dedu_i$)得分为0.602分;任期异质性($Dtime_i$)得分为0.408分;学历水平异质性($Ddegre_i$)得分为0.255分;任职经历异质性($Djob_i$)得分为0.618分。在控制变量方面,我们可以看出,当前在我国有上市公司中,有超过70%的公司的终极控制人(GOV_i)为各级政府部门。

表4-2 变量的描述性统计

变量	样本量	均值	中位数	最大值	最小值	标准差
Z_i	3 364	0.11	0	0	1	0.304
$Sage_i$	3 364	3.418	3.441	4.162	2.076	0.495

表4 2(续)

变量	样本量	均值	中位数	最大值	最小值	标准差
$Sdegre_i$	3 364	3.115	3.154	4.112	1.914	0.402
$Stime_i$	3 364	3.595	3.560	7.374	1.05	1.241
$Ssize_i$	3 364	18.103	18	38	8	3.825
$Dage_i$	3 364	0.244	0.247	0.695	0.000	0.246
$Dedu_i$	3 364	0.602	0.611	0.682	0.012	0.068
$Dtime_i$	3 364	0.408	0.411	1.30	0.112	0.201
$Ddegre_i$	3 364	0.255	0.241	0.694	0	0.095
$Djob_i$	3 364	0.618	0.642	0.76	0	0.098
ROA_i	3 364	0.021	0.023	−0.554	0.208	0.171
$Indr_i$	3 364	0.31	0.33	0	1	0.463
$Size_i$	3 364	19.87	19.51	8.67	29.65	1.271
Gov_i	3 364	0.705	1	0	1	0.493

4.4 实证结果及分析

4.4.1 模型（4-1）的实证结果

我们利用上文界定的样本对模型（4-1）进行回归，来研究高管团队背景特征同质性与企业财务困境发生的可能性之间的关系。我们先对高管团队平均年龄（Sagei）、学历平均水平（Sdegrei）、平均任期（Stimei）、团队规模（Ssizei）进行分别回归，最后把所有的解释变量放在一起再进行回归。结果显示，五次回归的 Adj.R^2 系数均在 20% 以上，表明模型（4-1）取得了较好的拟合效果。

表4-3 报告了模型（4-1）的详细回归结果。

表 4-3　模型（4-1）的回归结果

变量	①	②	③	④	⑤
常数项	0.301 2	−0.324 7 *	0.271 5 ***	−0.331 4 **	0.230 8
$Sage_i$	−0.021 0 ***				−0.020 5 ***
$Sage_i^2$	0.024 8 ***				0.021 6 ***
$Sdegre_i$		−0.045 2 ***			−0.059 1 ***
$Stime_i$			−0.109 *		−0.117 *
$Stime_i^2$			0.160 **		0.152 **
$Ssize_i$				−0.009	0.007
ROA_i	−0.083 ***	−0.072 ***	−0.148 ***	−0.109 ***	−0.064 ***
$Share_i$	−0.116 4 ***	−0.142 5 ***	−0.112 7 ***	−0.151 8 ***	−0.103 9 ***
$Indr_i$	−0.046	−0.045	−0.046	−0.048 *	−0.045
Lev_i	0.159 ***	0.146 ***	0.147 ***	0.165 ***	0.153 ***
$Size_i$	−0.066 *	−0.062	−0.061 **	−0.059 ***	−0.062
Gov_i	−0.057	−0.058	0.057	−0.061 *	0.054
Year	控制	控制	控制	控制	控制
Industry	控制	控制	控制	控制	控制
观测值	3 364	3 364	3 364	3 364	3 364
F	61.831 ***	90.235 ***	81.042 ***	105.741 ***	84.632 ***
Adj.R^2	0.232	0.278	0.247	0.284	0.258

注：*** 代表在1%的水平上显著、** 代表在5%的水平上显著、* 代表在10%的水平上显著。

从表4-3中我们可以看出，高管团队平均年龄（Sagei）的一次项系数为负、二次项系数为正，且两者都在1%的水平上显著。这表明，高管团队成员平均年龄与企业财务困境间呈"U"形关系，即随着高管团队成员平均年龄的增长，企业财务困境发生的可能性会呈现出先降低后增加的态势。假设1a得到证实。高管团队学历平均水平（Sdegrei）的系数显著为负、这表明高管团队学历的平均水平越高，企业财务困境发生的可能性越小。假设2a得到证实。高管团队成员平均任期（Stimei）的一次项系数在

10%的水平上显著为负，二次项系数在5%的水平上显著为正。这表明，企业财务困境发生的可能性将随着高管团队的平均任期的增加会呈现出先降低后升高的走势，即二者为"U"形关系。假设3a得到证实。团队规模（Ssizei）与企业财务困境的发生负相关，但回归结果并不显著。假设5并没有得到完全的证实。这表明，公司高管团队的规模并不一定是越大越好，因为大团队在获得较大的能力与较多的资源的同时，也存在团队内如何实现顺畅的交流和良好的合作等问题（Schoonhoven，2004）。Manjuka和Baldwin（2005）也认为，人数的增加尽管能为团队带来更多的资源和技能，但也可能导致团队内部出现交流和协调的障碍，从而降低团队的满意度，并最终使得团队规模与企业财务困境发生之间的关系不显著。

此外，在控制变量方面，公司的财务杠杆（Levi）比率与财务困境的发生正相关；公司的盈利能力（ROAi）与财务困境的发生负相关；高管团队持股比例（Sharei）与财务困境的发生负相关且基本上不显著；独立董事所占比例（Indri）与财务困境的发生负相关且不显著，说明在我国当前的上市公司中，独立董事所发挥的作用还有限；公司规模（Sizei）与财务困境的发生负相关，表明规模越大的公司抵御风险的能力越强；公司所有权性质（Govi）与企业财务困境的发生关系不稳定且也不显著，这可能是：一方面，与民营企业相比，我国的国有上市公司融资较为容易，普遍存在融资软约束（Li and Liang，2013）的现象；另一方面，与民营企业相比，我国的国有上市公司的代理会问题更严重（曾庆生，2020）。

4.4.2 模型（4-2）的实证结果

表4-4报告了对模型（4-2）的回归结果，其中，①至⑤是高管团队年龄异质性（Dagei）、专业背景异质性（Dedui）、任期异质性（Dtimei）、学历水平异质性（Ddegrei）、任职经历异质性（Djobi）等与财务困境间的关系分别回归的结果，而表中的⑥是把所有的高管团队异质性变量放在一起进行回归的结果。结果显示，六次回归的 Adj.R^2 系数均在20%以上，表明模型（4-2）取得了较好的拟合效果。

表4-4　模型（4-2）的回归结果

变量	①	②	③	④	⑤	⑥
常数项	0.780 4**	0.671 5*	0.514 7***	0.962 9**	0.702 3***	0.579 8*

表4-4(续)

变量	①	②	③	④	⑤	⑥
$Dage_i$	0.045*					0.063*
$Dedu_i$		−0.119**				−0.121**
$Dtime_i$			−0.165***			−0.137***
$Ddegre_i$				−0.076*		−0.058
$Djob_i$					−0.120 1***	−0.149 2***
ROA_i	−0.105 4***	−0.147 2***	−0.182 5***	−0.165 3***	−0.113 7***	−0.106 2***
$Share_i$	−0.102 1***	−0.106 7***	−0.105 4**	−0.170 6***	−0.114 8***	−0.094 5**
$Indr_i$	−0.043 2	−0.030 5	−0.029 7	−0.030 3*	−0.027 7	−0.054 3**
Lev_i	0.281 7***	0.265 5***	0.201 4***	0.125 7***	0.126 3***	0.190 3*
$Size_i$	−0.050 7	−0.060 2*	−0.063 5**	−0.061 9*	−0.078 4***	−0.112 7***
Gov_i	−0.098	−0.085	−0.109	−0.167*	−0.125*	−0.077
$Year$	控制	控制	控制	控制	控制	控制
$Industry$	控制	控制	控制	控制	控制	控制
观测值	3 364	3 364	3 364	3 364	3 364	3 364
F	55.328***	84.470***	109.713***	91.335***	87.049***	112.294
$Adj.R^2$	0.274 0	0.258 1	0.280 4	0.259 0	0.302 5	0.247 2

注：*** 代表在1%的水平上显著、代表在 ** 代表在5%的水平上显著、* 代表在10%的水平上显著。

在表4-4报告的回归结果中，我们可以看到：高管团队年龄异质性（Dagei）与企业财务困境的发生在10%的水平上显著正相关，这与我们前面的假设1b恰好矛盾。这可能是因为，在中国的传统文化里，一直都在讲求长幼有序，晚辈对长辈，年轻人对长者要表现出尊敬。另外，虽然时至今日，但几千年的封建传统，使得在相当大比例人的意识中，等级观念依然根深蒂固，这有可能就会使得高管团队内部的长者与年轻人之间，上级与下级之间的自由讨论与沟通进行得不够充分，从而就难以发挥由不同年龄段人员组成的高管团队，所拥有的不同经验、观念上的组合优势，并最终对企业的绩效产生负面影响。Crocker 和 Major（1989）也认为，在高管团队内，由年龄异质性所造成的诸如成员对团队的满意度下降、团队的凝聚力降低、团队内的交流与合作减少等，造成了冲突的负面效应。

高管团队专业背景异质性（Dedui）的系数显著为负，说明高管团队成员专业背景异质性越强，企业发生财务困境的可能性越低。假设4得到证实。高管团队任期异质性（Dtimei）的系数显著为负，说明高管团队成员任期异质性越强，企业财务困境发生的可能性越低。假设3b得到证实。高管团队学历水平异质性（Ddegrei）的回归系数在10%的水平上显著为负，说明高管团队成员学历水平异质性越强，企业发生财务困境的可能性越低。假设2b得到证实。高管团队任职经历异质性（Djobi）的回归系数显著为负，说明高管团队成员的任职经历异质性越强，企业发生财务困境的可能性越低。假设6得到证实。

4.4.3　稳健性检验

本书选取2020—2022年在沪深证券交易所上市A股上市公司为研究样本。用上市公司中被ST的企业作为财务困境的衡量指标，从高管团队背景特征的异质性和同质性两个角度出发，分别就其余企业财务困境间的关系进行了实证检验。结果表明，两个模型均取得了较好的拟合效果。但为了证明上述研究结果的可靠性，我们又采用Z指数小于1.8的企业作为财务困境的替代变量，对本书的实证过程进行了重新回归，结果显示，研究结论没有发生任何改变。这表明，本书的实证检验是稳健的。在此，我们略去了稳健性检验的过程。

4.5　结论及政策建议

本书选取2020—2022年共3 364家上市公司为研究样本，分别就高管团队同质性和异质性与企业财务困境间的关系进行了实证检验。研究发现，高管团队成员平均年龄与企业财务困境呈"U"形关系，即随着高管团队成员平均年龄的增长，企业财务困境发生的可能性会呈现出先降低后增加的趋势；高管团队学历平均水平与企业财务困境的发生显著负相关；高管团队平均任期与企业财务困境的发生呈"U"形关系，即随着高管团队成员平均任期的增加，会呈现出先降低而后升高的走势；高管团队规模与企业财务困境的发生负相关，但并不显著。高管团队年龄异质性与企业财务困境的发生显著正相关；高管团队学历水平异质性与企业财务困境的发生显著负相关；高管团队任期异质性与企业财务困境的发生显著负相关；高管团队专业背景异质性与企业财务困境的发生显著负相关；高管团队任职经历异质性与财务困境的发生显著负相关。此外，回归结果还显示，公司的财务杠杆比率与财务困境的发生正相关；公司的盈利能力、高管团队持股比例、独立董事所占比例、公司规模、所有权国有的上市公司与财务困境的发生负相关。依据本书的研究结论，我们提出了以下政策建议：

4.5.1 关于高管团队成员年龄

本文的实证结果显示，高管团队成员平均年龄与企业财务困境的发展呈"U"形关系，而高管团队成员平均年龄异质性与企业财务困境的发生呈显著正相关关系。针对以上结论，我们建议：在今后涉及有关上市公司高管的人事制度安排上，过于年轻或年龄过大的管理者，应该谨慎对待。应尽量考虑选拔既有经验又有精力、体力的中年管理者进入高管团队，以确保高管团队成员平均年龄的适中性；此外，还应注意使进入高管团队的成员在年龄上的差异不要过大，以降低由年龄异质性所带来的内部冲突；最后，在上市公司内部，应该尽力去营造一种能够使上级与下级和年长者与年幼者之间可以进行自由讨论、轻松交流的企业文化氛围，从而使不同年龄段人员所拥有的各种经验、观念形成组合优势，并以此来提高高管团队内部的凝聚力、满意度，保证企业能够持续健康发展。

4.5.2 关于高管团队成员学历

本书的实证结果显示，高管团队成员学历平均水平与企业财务困境的发生显著负相关，高管团队成员学历水平异质性与企业财务困境的发生显著负相关。针对以上结论，我们建议：在新高管团队成员的选拔方面，学历水平应该作为一个重要的考核指标，而且应注意加大对现有高管团队成员的在职培训力度。此外，在提高高管团队成员学历整体水平的同时，还应该注意在一定程度上保持高管团队成员在学历水平上的差异性。以提高高管团队成员多层次认识和把握问题的能力，确保企业始终保持正确的发展方向。

4.5.3 关于高管团队成员任期

本书的实证结果显示,高管团队成员平均任期与企业财务困境的发生呈"U"形关系,高管团队任期异质性与企业财务困境的发生显著负相关。针对以上结论,我们建议:首先,高管团队成员平均任期既不能过短也不能太长,既要保证公司高管团队人员的稳定性,又要避免高管团队人员任期过于僵化而阻塞真正有能力的人的上升通道。高管团队成员的平均任期如果太短,有可能会导致团队内部成员间的相互理解不够,缺少足够的时间来收集整合信息,成员间的沟通交流也没有充分地进行,这将大大增加企业战略决策失误的概率(Hambrick and Aveni,2004)。但如果高管团队成员的平均任期过长,也将会对公司的发展产生不利的影响,如任期过长的高管容易陷入思维僵化、保守、缺乏活力及创新性等的状态之中。另外,如果高管团队成员任期过长,往往还会出现组织内的小团体,在小团体内部,兄弟般的情感代替了高管成员间的个体差异,从而弱化了高管成员间背景特征的互补性,这将不利于企业在发展战略上的创新(Michel and Hambrick,2004)。其次,高管团队成员在任期方面应保持一定的异质性。因为不同任期的成员组成的高管团队,将具备多样的信息收集途径及对信息的多角度解释,能够产生多种战略方案,并可以对这些方案进行全方位的评估,从而保证了决策的高质量和准确度,促进了组织的健康发展(Dutton,2001)。

4.5.4 关于高管团队规模

本书的实证结果显示,高管团队规模与企业财务困境的发生负相关,但并不显著。针对以上结论,我们建议:在决定高管团队的规模时,首先应认识到,并不是所有企业高管团队的规模越大越好,也不是所有企业高管团队的规模越小越好。应视企业的规模、所属行业、发展阶段等的不同而有所变化。因为大团队在获得较强的能力与较多资源的同时,也增加了团队内部进行顺畅交流和良好合作的困难(Schoonhoven,2002)。小团队内部虽然容易交流,但也可能会因为组成高管团队的人数过少,从而导致决策资源匮乏的现象发生。

4.5.5 关于高管团队成员专业背景

本书的实证结果显示,高管团队专业背景异质性与企业财务困境的发生显著负相关。针对以上结论，我们建议：企业在选拔高管时，应尽可能注意使不同专业背景的人员能够科学组合、搭配在一起。因为异质性的高管团队能够从不同的角度来审视一个复杂问题，从而能够提高企业的决策质量（Amason and Sapienza，2005）。Wiersema（2004）也认为，高管团队的专业背景异质性程度越大，就越容易获得一系列多元化信息、技能和观念，从而拥有更加广泛的关于战略方案制定的设想，所以高管团队专业背景异质性越强，企业发展战略的变革能力就越强。

4.5.6　关于高管团队成员任职经历

本书的实证结果显示，高管团队任职经历异质性与财务困境的发生显著负相关。针对以上结论，我们建议：企业应该考虑让具备不同任职经历的人进入高管团队。这将会使具备不同任职经历的高管团队成员之间有机会分享他们来自不同行业的经验和思维，这有利于他们更好地对未来进行预测以及应对环境变化，从而提高企业战略决策的柔性（Ancona and Caldwell，2004）。

5　高管团队背景特征、过度投资与财务困境

5.1　引言

　　关于过度投资的成因及治理，一直以来都是实务界与学术界关注的热点问题之一。Richardson（2016）认为，所谓的过度投资，实际上是企业把资金投入净现值小于零的项目之中。那么，是什么原因让企业做出了这种选择呢？几十年来，不同的学者从不同的研究角度出发，分别给出了多种解释。Schumpeter（1911）从"经理商业帝国主义"的假设出发，认为经理总是偏好建造个人"商业帝国"，因为经理所追求的地位、权力、薪酬以及特权均与企业的规模成正比，这样，经理就有可能会将企业的资源投入不能为股东创造财富但对经理个人有利的项目之上，以期实现企业规模扩大的最大化，从而形成企业的过度投资。在 Schumpeter 之后，Jensen（1986）提出了企业自由现金流假说。Jensen 认为，企业过度投资与自由现金流正相关，企业的自由现金流越多，过度投资就会越严重。之后，Narayanan（1988）又从信息不对称的角度，对过度投资的问题做出了新的阐释，他认为，市场一般会通过项目的净现值来试图识别所有的企业。但是，实际上，这一举措是无法实现的，因为每个项目都具有不同的净现值，但却会以平均价值估价发行股票。这样一来，假如项目的净现值较小，而发行股票的价格又是基于企业投资项目的平均价值，从而就会导致有些企业的股票被高估，这些企业必然会从中获得额外收益。如果这部分收益大于企业因投资净现值小于零的项目所带来的损失，企业就会有利可图，所以就会发生有些企业去投资非盈利项目的现象。

由此，我们可以看出，有关过度投资的研究多从公司治理的角度出发。在这些研究中，并没有考虑高管在价值观、认知、性格、情绪等上的个体差异。但高阶理论却认为，在一般情况下，企业高管都是有限理性的，然而高管们所面临的决策环境却是十分复杂的，经常会有超出高管们理解范畴的事件发生。这时候，高管会根据自身的价值观、认知、性格等做出行动决策，另外，该理论还指出，作为决定高管团队行为决策模式的价值观、认知、洞察力等，主要源于高管的背景特征，如年龄、性别、学历、专业、职业背景等（Hambrick and Mason，1984）。高阶理论向我们揭示了这样一个事实，高管之间是存在个体差异的，即使在面临相同情况时，不同的高管由于在价值观、认知、性格等上的差异，也会做出不同的行动决策。基于高阶理论的阐释，我们认为，在过度投资这个问题上也不例外，不同的高管在过度投资的动机和强度上都会有所差异。目前，专门从高管个体差异的角度去研究过度投资行为的文献寥寥无几。

此外，过度投资行为一旦发生，企业就得承担由其带来的后果。从前面的分析中我们已经知道，过度投资将为企业带来净现值为负的现金流（Richardson，2016），其结果必将会造成企业价值上的损害。但这种企业价值损害的程度会有多大，能不能导致企业最终陷入财务困境之中？

鉴于大部分企业的重大决策基本上都是由企业的高管团队做出的，因此，本书将从高管团队的背景特征出发，来研究过度投资行为的影响因素及由其所造成的后果。

5.2 理论分析及研究假设

行为金融学家们早就发现，投资者的行为并非总是理性的，他们的投资决策往往还会受到个人信念与情绪等的影响。无疑，个人的信念与情绪等因素与个人的背景特征是密切相关的。Malmendier 和 Tate（2021）发现，过度自信的管理者普遍存在较高的投资现金流敏感度，原因是过度自信的管理者多倾向高估企业投资项目的未来盈利能力，即使在没有存在信息不对称性以及委托代理问题的情况下，只要企业拥有可以使用的内部资金，他们一般都会增加投资，其中也包括过度投资。Malmendier 和 Tate（1998）认为，过度自信的管理者普遍存在过高估计他们所选择的投资项目质量的现象，并认为外部融资成本过高。因此，当过度自信的管理者有可以自由支配的大量内部资金时，他们可能会做出过度投资的错误决定。郝颖等（2015）在基于我国特有的股权制度安排和治理结构状况时的研究表明，存在过度自信的高管更有可能导致低配置效率的过度投资行为的发生。姜付秀等（2019）的研究发现，过度自信管理者与企业内外部扩张间存在显著正相关关系，而企业实施的大肆扩张战略会大大增加企业陷入财务困境的可能性。

5.2.1 高管团队成员年龄与过度投资

年龄作为高管团队的背景特征变量之一，会对高管团队的投资决策产生重要影响。由于年龄不同，高管的成长背景、思维方式、认知基础及价值观上都会有所区别，从而体现在工作中的行为方式也会有所差异。Tihanyi 等（2020）发现，高管团队成员的平均年龄越大，制定的企业战略就越保守。Wiersema 和 Bantel（2004）的研究发现，在年长的管理者的眼中，财务安全是放在极为重要的位置，他们将许多比较有风险的行为和战略视为对安全的威胁，所以会采取较为保守的战略来回避风险。Vroom 和 Pahl（1971）发现，年龄越大的管理者越会倾向采取低风险的决策。姜付秀等（2019）的研究也发现，企业管理层的平均年龄越大，就越不太可能做出过度投资的决策，这可能是年龄越大的管理者，其投资决策也更加稳健的缘故所致。Carlsson 和 Karlsson（1980）则认为，对于年长的管理者而言，可能会把财务与职业安全看得更加重要。年长的管理者一般都已经拥有稳定的社会活动圈，其消费特征相对单一，外加上对退休收入的期望，可能更愿意维持现状，采取保守战略。所以，他们会避开一些带有毁灭性的风险行为。因此，我们提出假设 1a。

假设 1a：高管团队成员平均年龄与企业过度投资负相关。

年龄异质性是高管团队背景特征里面影响战略决策过程中的一个重要因素之一（Tihanyi，2020）。Crocker 和 Major（2001）认为，在高管团队内部，年龄异质性造成了如成员对团队的满意度下降、团队的凝聚力降低、团队内的交流与合作的减少等负面效应。Wiersema 和 Bird（2005）的研究发现，高管团队成员的年龄异质性程度越高，团队成员的更替就会越频繁。Richard 和 Shelor（2012）发现，高管团队成员的年龄异质性程度与企业的资产收益率负相关。Zenger 和 Lawrence（1989）认为，项目团队年龄异质性与团队小组内部的经常性技术交流呈负相关关系。此外,考虑到我国的实际情况,鉴于我们的传统文化特点,一般来说,大部分人都比较内敛、含蓄;不仅如此,在我国一直就比较强调长幼有序,长者永远在前面,幼者习惯上被放在后面,幼者在长者面前要表现出尊敬,长者在幼者面前要有威严。由于上述因素的存在,大家都公认一个事实,在中国,长辈和晚辈之间、上级和下级之间、长者和年轻人之间的自由讨论、广泛沟通、平等交流方面,许多时候做得并不是特别好。而通过前面的论述,我们又已经知道,异质性团队优势的发挥,是需要以团队内部的自由讨论、广泛沟通和平等交流为前提的。因此,我们提出假设1b。

假设1b:高管团队年龄异质性与企业过度投资正相关。

5.2.2 高管团队成员学历与过度投资

通过梳理以往的研究,大家普遍认为,高管团队成员学历水平与企业的健康发展呈正相关关系。Becker(1980)指出,高管团队成员学历水平与组织变革和创新能力之间是密切相关的。Kimberly 和 Evanisko(1995)则发现,学历程度较高的管理团队更倾向于采用管理创新和技术创新。Jackson(2001)在关于大银行样本的研究中发现,高管团队成员的受教育程度越高,对公司的战略变化以及开展差异化经营就越有利。Wiersema 和 Bantel(2004)的研究结果表明,高管团队成员的平均学历水平与团队战略变化正相关。Bantel(2005)认为,平均学历水平高的高管团队更容易成功施行战略变革,高管团队成员平均学历水平对企业战略变化的影响最大。Smith 等(2006)认为,个人的学历水平与灵活应变及信息处理能力呈正相关关系,而且这种从教育中获得的道德观念以及价值观也会在高管层中进行传播,从而全面影响团队绩效。Smith(2008)认为,个人受教育水平能直接反映一个人的知识和技能,因此个人受教育水平被认为与灵活应变、信息处理能力存在正相关关系。Tihanyi(2020)认为,高管团队成员学历水平越高,团队获得的有效信息也会越多,聚集战略资源的相对效率会越高,越有可能制定和执行有利于企业发展的投资战略。Shipilov 和 Danis(2016)则认为,学历水平较高的高管团队,将会比学历水平低的高管团队拥有更多的社会资本,而高管团队所拥有社会资本的多寡是能否取得最优公司绩效的关键因素之一。姜付秀等(2019)的研究结果也表明,企业管理层的平均受教育水平越高就越不太可能做出过度投资的决策,这可能是受教育越多的管理者，他们所做出的投资决策越理性的缘故所致。因此，我们提出假设2a。

假设2a：高管团队成员平均学历水平与企业过度投资负相关。

当前，有关高管团队成员学历水平异质性的研究，主要有两种观点：一种观点认为，高管团队成员学历水平的异质性能够使企业提高多种层次分析问题的能力，能够使企业得到多元化的信息，从而保证了企业战略决策的正确性，从这个角度来讲，高管团队的异质性是有益的。例如：Smith（2006）认为，高管团队成员学历水平异质性为团队提供了多元化的信息，对现象理解的层次也会更深，从而能够提高战略决策的质量以及企业的绩效。肖久灵（2016）在高管团队异质性方面的研究也证明，高管团队成员学历水平异质性使团队可以从不同的角度去看待各种问题，因此，也更能增强团队成员的创新能力，使之产生更多的创新观点和解决方案，进而促进团队整体效能的提升。李玮文（2016）的研究结果发现，高管团队成员学历水平异质性与企业的战略变化之间正相关。谢凤华等（2018）发现，高管团队成员学历水平异质性与企业的研发绩效、生产制造绩效和创新过程绩效等都呈正相关关系。另一种观点却认为，高管团队成员学历水平异质性阻碍了团队内部的广泛交流与合作，加深了团队成员间的分歧，使高管团队成员的冲突增加，因此，对企业而言，高管团队成员学历水平异质性是有害的。例如，Knight（2015）认为，高管团队成员间的学历水平差异越大，越容易产生冲突，团队对于战略制定程序、战略目标、战略计划上的分歧就越大。胡蓓（2018）的研究结果则表明，高管团队成员间的教育水平异质性与企业的战略决策正确性呈负相关关系。

针对上述观点，结合我国国情，我们认为，在高管团队成员学历水平异质性处于较低水平时，团队成员学历水平异质性的增加能够为企业做出正确的战略决策带来益处，但是，当团队学历水平异质性的增加超过某个限度时，这种过度的异质性却会为团队内部的沟通带来困难，加剧团队成员间的冲突。因此，我们提出假设2b。

假设2b：高管团队学历水平异质性与企业过度投资呈"U"形关系，即随着团队成员学历水平异质性程度的加深，企业过度投资会表现出先降低而后升高的趋势。

5.2.3 高管团队成员任期与过度投资

Bantel和Jackson（2000）认为，若高管团队成员的平均任职年限过长，将可能会产生圈内思维，从而导致发生排斥外部观点的风险产生。Michel 和 Hambrick（2004）发现，在高管团队的任期过长的组织里，往往会有组织内的小团体出现，在小团体内部，兄弟般的情感代替了高管成员间的个体差异，从而弱化了成员间背景特征的互补性，这会导致他们对当前战略行为的承诺与依赖，并出现战略选择上的路径依赖现象，这将严重不利于企业在发展战略上的创新。Finkelstein 和 Hambrick（2002）的研究结果也表明，随着高管团队成员任期的增加，团队成员逐渐表现出对风险的厌恶趋势，信息处理的限制也开始增加，企业战略过于谨慎、保守，业绩开始趋于维持的现象也十分突出。因此，他们认为，团队成员的任期过长，就有可能给企业带来负面影响。李玮文（2016）认为，高管团队的平均任期对战略变化有负的影响。

除以上列示的各种观点之外，考虑到我国的特殊国情，当前在我国的上市公司中，有70%以上的公司为国家控股。然而，国有公司在治理结构上的先天缺陷——所有者缺位的问题，造成了国有企业高管团队即为国有上市公司中实际控制人的现实。当高管团队成员的平均任期增加时，代表了国有上市公司中内部控制人现象的加深（Firth et al.，2016；王宏，2018）。基于亚当·斯密（Adam Smith）的经济人假设，我们认为，高管会从自利的行为动机出发，加重上市公司的过度投资程度。因此，我们提出假设3a。

假设3a：高管团队成员平均任期与企业过度投资正相关。

Dutton（1990）、Finkelstein 和 Hambrick（2008）认为，异质性高管团队成员，由于在进入团队的时间上不同，他们所经历的企业的发展阶段和事件互异，导致他们对组织本身及战略的理解不同。因此，由不同任期成员组成的高管团队，具备多元化的信息收集途径，以及对所获信息的多层次理解，从而能够产生多种战略方案，并能够对其进行全方位的评估，这就保证了决策的质量，促进了组织的健康发展。Boeker（1997）也认为，高管团队任期异质性，增加了企业打破原有管理模式、重塑发展战略的机会，高管团队任期异质性程度越高，企业发展战略的改变程度也越大。Smith 等（2006）的研究结果则表明，高管团队成员任期异质性较高的团队，在社会关系网络及组织经验方面，可能会更具有多元化的价值。Priem（2011）指出，任期异质化的高管团队拥有丰富的社会经验和组织经验，从而可以形成多元化的创新观点。此外，对中国的国有上市公司来说，异质化的高管团队成员任期将在一定程度上避免组织内部小团体的形成，从而防止作为公司实际控制人的高管的内部合谋，降低国有上市公司的代理成本，阻止过度投资行为的发生。因此，我们提出假设3b。

假设3b：高管团队任期异质性与企业过度投资负相关。

5.2.4 高管团队成员专业背景与过度投资

随着对高管团队研究的展开，越来越多的学者意识到高管团队成员的专业背景，体现了团队成员所拥有的专业技能，并影响着他们的价值观和对社会的认知。Hambick和Mason（1984）的研究结果表明，企业战略决策等组织结果的变化与高层管理者的专业背景有很大的联系。Wiersema（2004）发现，一个人的专业背景与他所具备的专业技能，以及由此产生的偏好、认知、价值观等密切联系在一起，并由此会对企业的战略选择、绩效等产生影响。Hambrick和Aveni（1992）认为，高管团队成员的专业背景特征可以分为两类：一类是金融、会计、法律等技能，这些专业技能背景并不能为公司的发展提供持续的竞争力；另一类包括生产、设计、营销、管理等技能，却能够为公司的发展提供持续核心竞争力。他们认为第二类专业技能才是公司成功需要的最为关键的能力。Porter（2001）的实证研究结果发现，具有创新性特征的企业高管往往具备科研人员或技术专家的背景，产品创新战略的成功实施与具有技术性背景特征的企业高管之间呈现出显著正相关关系。Wiersema和Bantel（2004）认为，鉴于科学和工程领域更为关注生产研发上的流程、创新，并会对其进行持续不断的改进，因此，拥有科学和工程类专业背景的企业高管更能够接受战略上的改变，所以，这类企业也更容易成功。Nonaka和Konno（2010）的研究结果显示，拥有科学和工程类专业背景的企业家，在利用社会网络，对企业所掌握的知识、技术等资源，进行相互交换、系统整合、扩展创新方面具备明显的优势。Hambrick和Aveni（1992）以破产企业为对象，所得出的研究结果显示，破产企业往往普遍缺乏拥有各种核心技能的专家。因此，我们提出假设4。

假设4：高管团队中科学和工程类专业背景的成员所占比重与企业过度投资负相关。

5.2.5 高管团队规模与过度投资

Hambrick和Avenis（2004）指出，高管团队所拥有资源的多寡主要取决于团队组成人数的多少。因此，众多研究发现，高管团队的人数是处理信息和制定战略决策时的重要资源，人数多代表高管团队解决问题时的资源丰富，更有可能做出高质量的决策。Rivastava 等（2015）认为，规模较大的高管团队，意味着拥有更为广泛的社会关系网络，能够实现从更加广阔的领域中，为企业的战略决策搜寻信息，这表明规模越大的高管团队，对信息的处理能力就越强，使得企业能够更大程度地参与到新产品开发和监控中去，这将会对企业创新产生积极的影响。Manjuka 和 Baldwin（2003）却认为，高管团队成员人数的增加尽管能为团队带来更多的资源和技能，但也可能会导致团队内部出现交流和协调的障碍，从而降低团队的凝聚力和满意度。Schoonhoven（2002）也认为，大团队在获得较多的能力与资源的同时，也增加了团队内部进行顺畅交流和良好合作的困难。Smith（2009）的研究结果表明，高管团队的规模越大，团队内部成员的非正式交流就会越少，团队的内部整合程度就越低，企业的绩效就会遭受损害。Sanders 和 Carpenter（2011）认为，高管团队规模的扩大使更多团队成员参与公司决策，这样就会降低高管团队解决复杂问题的能力和速度。综合以上研究，我们认为，大团队有大团队的优势，小团队有小团队的优势，关键是要把握一个度的问题，团队过大，会出现沟通、交流与内部协调等方面的问题，从而降低了企业的决策效率；团队过小，会使管理层缺乏相应的决策资源和技能。因此，我们提出假设 5。

假设 5：高管团队规模与企业过度投资呈"U"形关系，即随着团队规模的扩大，企业过度投资呈现出先升高后降低的趋势。

5.2.6　企业过度投资与财务困境

Richardson（2016）将过度投资定义为，超出企业旧有资本维持需求及净现值为正的新投资以后的那部分投资支出。根据 Richardson 对过度投资的定义，我们可以看出，过度投资为企业带来了负的现金流。负的现金流一定会给企业带来价值上的损失，这是一个常识性问题。因此，大量的过度投资客观上存在使企业陷入财务困境的可能性。Joseph Fuller（2022）的研究发现，从长远的发展角度来看，若一家企业的非理性增长，仅仅是为了让本来不可预期的市场增长，达到预期满意的目标，就不惜牺牲企业本身的价值来追逐这个预先设定的目标，那么企业的这种行为必然会造成企业整体价值的毁损，最终也必然会导致企业陷入财务困境之中。René

M1Stulz（2020）的实证研究结果显示，企业合理的增长率是可以为企业自身带来资产现金流的增长的，即使企业的这种增长波动性很大，也能为企业带来更多的价值增值，从而保证企业持久健康发展；而超过这种合理增长率的增长，即非理性增长，不但不会为企业带来价值的增值，而且有可能会导致企业陷入财务困境之中。姜付秀等（2019）发现，管理者过度自信与企业的总投资水平、内外部扩张之间存在显著正相关关系，当企业拥有较充裕的现金流时，这种正相关程度会更大。因此，我们提出假设6。

假设6：企业过度投资与财务困境的发生正相关。

5.3 研究设计

5.3.1 样本选择与数据来源

本书选取 2020—2022 年在沪深证券交易所 A 股上市的公司为研究样本。本书剔除回归中所使用变量值缺失的公司，在此基础上，还对样本做了如下四个方面的处理：①剔除了金融行业的公司。金融行业会计准则与其他行业会计准则具有较大差异，相关指标在金融行业与非金融行业之间不具有可比性，本书遵从以往的研究惯例，予以剔除。②剔除了当年进行配股或增发的公司。众多研究结果表明，当企业准备进行配股或增发时，企业过度投资行为发生的规模就会扩大（潘敏、金岩，2013），但这不是本书所关注的重点。因此，我们将这部分样本予以剔除。③为了避免公司上市之初在许多方面所做的粉饰、包装等因素的影响，本书选取了 2018 年12 月 31 日之前上市的公司作为研究样本。④本书对所有控制变量进行winsorize 处理，小于 1%分位数与大于 99%分位数的变量，令其值分别等于 1%分位数和 99%分位数，以消除极端值的影响。另外，在计算过度投资时，要用到滞后一期的变量，因此，最后进入回归模型的样本，实际上只包括 2021 年与 2022 年的数据。经过筛选后，我们总共得到 1 984 个有效样本。

本书所用的数据全部来自上海证券交易所、深证证券交易所、国泰安数据库、聚源数据库、金融界网（www.jrj.com.cn）、巨潮资讯网（www.cninfo.com.cn）。

5.3.2 变量界定

5.3.2.1 财务困境的界定

考虑到我国的实际情况及国内学者的研究惯例，本书用 ST 公司作为财务困境的界定标准（陈静，2011；张玲，2020；陈晓和陈治鸿，2020；李华中，2021；姜秀华和孙铮，2021；吴世农和卢贤义，2021），用 Z_i 来表示。

5.3.2.2 高管团队的界定

本书在借鉴以往研究的基础上，考虑了数据取得的可行性，并结合各公司年报中所披露的高管信息和中国的实际情况，界定了本书所研究的高管团队，具体包括担任管理职位的董事会成员（含董事长）、监事会成员、总经理、总裁、常务（或第一）副总经理、常务（或第一）副总裁、财务总监（或财务负责人）、技术总监、总工程师、董事会秘书、党委书记等。

5.3.2.3 高管团队背景特征的界定

本书从高管团队背景特征的同质性与异质性两个视角出发，共选取了八个反映高管团队背景特征的变量。其中，同质性变量包括高管团队平均年龄（$Sage_i$）、高管团队学历平均水平（$Sdegre_i$）、高管团队平均任期（$Stime_i$）、高管团队规模（$Ssize_i$）四个；异质性变量包括高管团队年龄异质性（$Dage_i$）、高管团队学历水平异质性（$Ddegre_i$）、高管团队任期异质性（$Dtime_i$）、高管团队中科学和工程类专业背景人员比率（$Dedu_i$）四个。此外，需要说明的是，我们对 $Dage_i$、$Ddegre_i$、$Dtime_i$ 三个变量将采用标准系数法进行计算。所谓标准差系数法（Coefficient of variation），即在计算上以变量的标准差/变量的均值来表示，标准差系数越大，代表异质性程度越大。Allison（1978）在检验了多种异质性度量方法后，发现标准系数法在测量能够比较高低、大小的连续变量时，具备明显的优势。高管团队背景特征变量定义见表 5-1。

表 5-1　高管团队背景特征变量定义

变量符号	变量名称	变量定义
高管团队同质性变量		
$Sage_i$	高管团队平均年龄	≤30 岁赋值 1；31~40 岁（含 40 岁）赋值 2；41~50 岁（含 50 岁）赋值 3；51~60 岁（含 60 岁）赋值 4；>60 岁赋值 5。每年数据为所赋值的均值
$Sdegre_i$	高管团队学历平均水平	中专及以下赋值 1；大专赋值 2；本科赋值 3；研究生赋值 4；博士生赋值 5。每年数据为所赋值的均值
$Stime_i$	高管团队平均任期	团队成员担任当前职位的平均时间。以年为单位，小数点后保留到月
$Ssize_i$	高管团队规模	年报当中披露的高管团队人数
高管团队异质性变量		
$Dage_i$	高管团队年龄异质性	≤30 岁赋值 1；31~40 岁（含 40 岁）赋值 2；41~50 岁（含 50 岁）赋值 3；51~60 岁（含 60 岁）赋值 4；>60 岁赋值 5。采用标准差系数法进行计算
$Ddegre_i$	高管团队学历水平异质性	中专及以下赋值 1；大专赋值 2；本科赋值 3；研究生赋值 4；博士生赋值 5。采用标准差系数法进行计算
$Dtime_i$	高管团队任期异质性	团队成员担任当前职位的时间。采用标准差系数法进行计算
$Dedu_i$	高管团队科学工程类专业背景比率	在国务院学位委员会的分类基础上，本书对教育专业进行了重新划分，包括科学和工程（理学、工学、农学和医学）、经济管理（经济学、管理学）、文学艺术（哲学、文学、历史学）、法律（法学）、其他（教育学、军事学、无教育专业者）五大类。用科学和工程类人数/高管团队总人数来计算

5.3.2.4　过度投资的界定与计算

Richardson（2016）首先建立了一个包括企业成长机会、融资约束、行业等因素决定的投资预期模型，将总投资分解为维持性投资和新增实际投资，而新增实际投资又由预期投资和非预期投资两部分构成，其中非预期投资是新增实际投资与预期投资之间的差额，即投资模型的回归残差值，正残差代表新实际投资超过预期投资的部分，为过度投资，而负残差表示实际投资低于预期投资水平的部分，为投资不足。基于 Richardson 模型，对过度投资的详细推导过程如下：

$$\text{Invest}_{i,t}^{N} = \alpha_0 + \alpha_1 Q_{i,t-1} + \alpha_2 \text{Lev}_{i,t-1} + \alpha_3 \text{Cash}_{i,t-1} +$$
$$\alpha_4 \text{Age}_{i,t-1} + \alpha_5 \text{Size}_{i,t-1} + \alpha_6 \text{Ret}_{i,t-1} +$$
$$\alpha_7 Inv_{i,t-1} + \sum \text{Year} + \sum \text{Industry} + \varepsilon_i \qquad (5\text{-}1)$$

其中，$\text{Invst}_{i,t}^{T}$ 代表年度总投资额，一般用 $\text{Invst}_{i,t}^{T}$ ＝（企业全部的资本支出＋企业进行现金收购的支出－企业出售资产的收入）/年初资产总额来表示。$\text{Invst}_{i,t}^{T}$ 又可以分解为 $\text{Invest}_{i,t}^{M}$（维持性投资）和 $\text{Invest}_{i,t}^{N}$（新增实际投资）两个组成部分，其中，$\text{Invest}_{i,t}^{M}$ ＝（累计折旧＋无形资产摊销）/年初资产总额；通过公式（5-2）：

$$\text{Invest}_{i,t}^{N} = \text{Invest}_{i,t}^{T} - \text{Invest}_{i,t}^{M} \qquad (5\text{-}2)$$

我们可以计算出企业当年的 $\text{Invest}_{i,t}^{N}$（新增实际投资）金额。接下来，我们把计算出来的 $\text{Invest}_{i,t}^{N}$（新增实际投资）金额代入公式（5-1）中进行回归，得到公式（5-3）。

$$\text{Invest}_{i,t}^{*} = \hat{\alpha}_0 + \hat{\alpha}_1 Q_{i,t-1} + \hat{\alpha}_2 \text{Lev}_{i,t-1} + \hat{\alpha}_3 \text{Cash}_{i,t-1} +$$
$$\hat{\alpha}_4 \text{Age}_{i,t-1} + \hat{\alpha}_5 \text{Size}_{i,t-1} + \hat{\alpha}_6 \text{Ret}_{i,t-1} +$$
$$\hat{\alpha}_7 Inv_{i,t-1}^{*} + \sum \text{Year} + \sum \text{Industry} + \varepsilon_i \qquad (5\text{-}3)$$

其中，$\hat{\alpha}_0$，$\hat{\alpha}_1$，$\hat{\alpha}_2$，…，$\hat{\alpha}_7$ 分别为公式（5-1）中 α_0，α_1，α_2，…，α_7 的估计值。通过公式（5-3），我们就可以得到每个公司当年度的 $\text{Invst}_{i,t}^{*}$（预期投资）金额。

最后，通过公式（5-4），我们可以得到企业当年度的 $\text{Invest}_{i,t}^{e}$（非预期投资）金额。

$$\text{Invest}_{i,t}^{e} = \text{Invest}_{i,t}^{N} - \text{Invest}_{i,t}^{*} \qquad (5\text{-}4)$$

另外，需要说明的是：在接下来的研究中，我们将用 $\text{Invest}_{i,t}^{e+}$ 来代表 $\text{Invest}_{i,t}^{N}$（新增实际投资）中大于 $\text{Invst}_{i,t}^{*}$（预期投资）的部分，即公司当年的过度投资支出。$Q_{i,t-1}$ 为公司的增长机会，用（流通股股数×每股股价＋非流通股股数×每股净资产＋负债账面价值）/年初资产总额来表示。$\text{Lev}_{i,t-1}$ 为财务杠杆，用年初负债总额/年初资产总额来表示。$\text{Cash}_{i,t-1}$ 为公司年初的货币资金持有量，用年初货币资金持有量/年初资产总额来表示。$\text{Age}_{i,t-1}$ 为公司的上市年限，用 IPO 年度到上年末为止的年数来表示。$\text{Size}_{i,t-1}$ 为公司的规模，用年初总资产的自然对数来表示。$\text{Ret}_{i,t-1}$ 为上年度的股票收益率。$\text{Inv}_{i,t-1}^{*}$ 为与 $\text{Invst}_{i,t}^{*}$ 对应的上一年度的投资支出，Year 为年度虚拟变量，Industry 为行业虚拟变量。

由于本书研究的是过度投资问题，通过上面的计算后，从1 984个研究样本中剔除投资不足的样本后，剩下的过度投资样本为797个。这797个样本最终将进入下面的实证检验模型之中。

5.3.2.5 控制变量的界定

在借鉴已有研究成果的基础上，本书对以下变量进行了控制：

盈利能力（ROA$_i$），用总资产净利润率来表示。公司盈利能力越强，代表企业自身的"造血"能力就越强，陷入财务困境的概率就越低（Ohlson，1980）。另外，当前中国大部分上市公司为国有控股。鉴于中国现行的制度背景，公司的盈利能力越强，其发生过度投资的可能性就越大（张翼和李辰，2005）。

高管团队持股比例（Share$_i$），用高管团队持股之和占公司总股本的百分比来表示。高管持股比例的高低会影响企业代理成本的大小，从而影响企业风险的大小（姜付秀 等，2019）。另外，高管团队持股比例的升高，会使管理层与公司股东间的利益更加趋近，这样能有效降低公司管理层的代理成本，从而降低过度投资动机的强度（Jensen and Meckling，1976）。

独立董事比例（Indr$_i$），用独立董事人数占全部董事的比重表示。作为公司治理的替代变量，公司治理结构上的改善能够降低企业财务困境的发生的可能性（Zhen Wang，Li Liu and Chao Chen，2022）。另外，Richardson（2013）认为，公司治理结构的改善会有效地减少过度投资的发生，如拥有独立董事大公司的经理较少进行过度投资。

财务杠杆（Lev$_i$），用资产负债率来表示。财务杠杆越高，企业陷入财务困境的概率也越大；另外，国内外的众多研究结果表明，企业的负债比率与过度投资间存在联系。伍利娜、陆正飞（2015）指出，资产负债率与过度投资之间呈正相关关系，并且盈利状况越差的企业，企业过度投资行为程度越严重。

公司规模（Size$_i$），用企业期末资产总额的自然对数来表示。相关研究结果表明，企业的规模越大，企业抗风险的能力就会越强。另外，已有的研究成果显示，公司规模与企业投资间存在联系。Devereux 和Schiantarelli（2004）的研究结果表明，相对于规模小的企业，规模大的企业现金流对投资支出的影响更大，因而这些企业可能存在现金流的过度投资现象，表明大规模公司更有可能存在"经理商业帝国主义"现象。Vogt

（2016）则指出，对于规模较大且股利水平较低的企业来说，企业的过度投资和投资现金流显著正相关，因为公司规模越大，高管的薪酬与职位提升的正相关度越强。

所有权性质（Gov_i），我们把所有权性质为国家的取 1，否则取 0。国有企业与民营企业在代理问题上的区别，可能会导致企业在过度投资的强度及企业风险的大小上出现差异。王治和周宏琦（2017）通过对比企业当年的投资规模和自由现金流均值，发现国有企业的过度投资现象更为严重。

大股东持股（$Stock_i$），我们令第一大股东所持股份与第 2~10 名股东的股份之和的比值小于 1 时变量取 1，否则取 0。已有研究结果表明：如果公司存在大股东，则对管理层的监督和制约会更强；如果股权过度分散，则由于股东间的"搭便车"现象，缺乏对管理层的监督和制约，从而管理层的权利会更大（Morck et al.，2000；Shleifer and Vishny，2001）。

年度变量（Year），属于本年度的取 1，否则取 0。不同的年度，公司面临的差异化的宏观经济环境，当宏观经济处于繁荣期时，基本上所有的公司都会跟着受益，而当宏观经济处于衰退期时，大部分公司陷入财务困境的概率会比繁荣期大大增加；另外，年度不同，同一家公司所面临的宏观环境及经营状况可能会不一样，这将导致企业手中的自由现金流出现差异，而自由现金流的大量存在是企业进行过度投资的一个重要原因之一（Jensen，2001）。

行业变量（Industry），本书以综合类型行业（M）为基准，属于本行业取 1，否则取 0。不同行业的公司，即使在同一时期，公司间所面临的财务风险也会存在巨大的差异。因为，有的行业正处于初创期，有的行业正处于成长期，有的行业正处于成熟期，有的行业正处于衰退期，各行业所处的发展阶段不一样，不同行业间的公司陷入财务困境的概率也就会不一样；另外，不同行业的公司过度投资的动机及强度可能也存在差异。

5.3.3 模型构建

依据本书的研究目的及上文所进行的理论分析，参照 Panayiotis 等（2008）、Carpenter 等（2014）、姜付秀等（2019）的研究方法，我们分别建立了以下检验模型：

$$\text{Invest}_{i,t}^{\varepsilon^+} = \beta_0 + \beta_1 \text{Sage}_i + \beta_2 \text{Sdegre}_i + \beta_3 \text{Stime}_i + \beta_4 \text{Ssize}_i + \beta_4^* \text{Ssize}_i^2 +$$
$$\beta_5 \text{ROA}_i + \beta_6 \text{Share}_i + \beta_7 \text{Indr}_i + \beta_8 \text{Lev}_i + \beta_9 \text{Size}_i + \beta_{10} \text{Gov}_i +$$
$$\beta_{11} \text{Stock}_i + \sum \text{Year} + \sum \text{Industry} + \varepsilon_i \qquad (5-5)$$

$$\text{Invest}_{i,t}^{\varepsilon^+} = \beta_0 + \beta_1 \text{Dage}_i + \beta_2 \text{Ddegre}_i + \beta_2^* \text{Ddegre}_i^2 + \beta_3 \text{Dtime}_i +$$
$$\beta_4 \text{Dedu} + \beta_5 \text{ROA}_i + \beta_6 \text{Share}_i + \beta_7 \text{Indr}_i + \beta_8 \text{Lev}_i + \beta_9 \text{Size}_i +$$
$$\beta_{10} \text{Gov}_i + \beta_{11} \text{Stock}_i + \sum \text{Year} + \sum \text{Industry} + \varepsilon_i \qquad (5-6)$$

$$Z_i = \beta_0 + \beta_1 \text{Invest}_{i,t}^{\varepsilon^+} + \beta_2 \text{ROA}_i + \beta_3 \text{Share}_i + \beta_4 \text{Indr}_i + \beta_5 \text{Lev}_i +$$
$$\beta_6 \text{Size}_i + \beta_7 \text{Gov}_i + \beta_8 \text{Stock}_i + \sum \text{Year} + \sum \text{Industry} + \varepsilon_i \qquad (5-7)$$

5.3.4 描述性统计

表 5-2 报告了变量的描述性统计。从表 5-2 中可以看出，样本公司高管团队平均年龄（Sage_i）得分为 3.137 分，处于 40~50 岁年龄段；高管团队平均学历（Sdegre_i）得分为 3.049 分，处于本科水平上；高管团队平均任期（Stime_i）为 3.741 年，可以看出，我国上市公司高管的平均任期并不算长；高管团队规模的均值为 17.968，为 18 人。此外，样本公司高管团队年龄异质性（Dage_i）得分为 0.247 分；专业背景质性（Dedu_i）得分为 0.524 分；任期异质性（Dtime_i）得分为 0.403 分；学历水平异质性（Ddegre_i）得分为 0.265 分。

表 5-2　变量的描述性统计

变量	样本量	均值	中位数	最大值	最小值	标准差
$\text{Invest}_{i,t}^{\varepsilon^+}$	797	0.046 87	0.051 44	0.318 50	0.000 04	0.051 49
Sage_i	797	3.137	3.314	4.116	2.104	0.476
Sdegre_i	797	3.049	3.058	4.111	1.916	0.342
Stime_i	797	3.741	3.769	7.371	1.07	1.250
Ssize_i	797	17.968	18	38	8	3.644
Dage_i	797	0.247	0.249	0.758	0.006	0.072
Dedu_i	797	0.524	0.527	1	0.04	0.497
Dtime_i	797	0.403	0.406	1.28	0.109	0.197
Ddegre_i	797	0.265	0.269	0.726	0.001	0.075

5.4 实证结果及分析

5.4.1 模型（5-1）和模型（5-3）的实证结果

表5-3报告了对模型（5-1）和模型（5-3）的实证结果。在模型（5-1）中，我们就高管团队平均年龄（Sagei）、高管团队平均学历水平（Sdegrei）、高管团队平均任期（Stimei）、高管团队规模（Ssizei）与企业过度投资（$Invest_{i,t}^{e+}$）之间的关系进行了分别回归，其结果列示为①至④；表中的最后一列为模型（5-3）的回归结果。

表5-3 模型（5-1）和模型（5-3）的实证结果

变量	模型（5-1）				模型（5-3）
	①	②	③	④	
常数项	0.578***	0.575***	0.625***	0.596***	0.284
$Invest_{i,t}^{e+}$					0.078***
$Sage_i$	−0.031***				
$Sdegre_i$		−0.036***			
$Stime_i$			−0.011		
$Ssize_i$				−0.025**	
$Ssize_i^2$				0.015**	
ROA_i	0.069***	0.070***	0.068***	0.071***	−0.063***
$Share_i$	−0.023	−0.025	−0.029*	−0.027	−0.079***
$Indr_i$	−0.011	−0.011	−0.012	−0.009	−0.045
Lev_i	0.034***	0.035***	0.035***	0.036***	0.088***
$Size_i$	−0.012	−0.009	−0.011	−0.012	−0.010
Gov_i	−0.016*	−0.014	−0.016*	−0.015*	0.015*
$Stock_i$	0.008	0.009	0.011	0.010	0.011
Year	控制	控制	控制	控制	控制

表5-3(续)

变量	模型（5-1）				模型（5-3）
	①	②	③	④	
Industry	控制	控制	控制	控制	控制
观测值	797	797	797	797	797
F	85.320***	85.454***	86.061***	88.724***	77.80***
Adj.R^2	0.593	0.594	0.596	0.598	0.22

注：*** 代表在1%的水平上显著、** 代表在5%的水平上显著、* 代表在10%的水平上显著。

从表5-3中我们可以发现，在自变量部分：高管团队平均年龄与企业过度投资在1%的水平上显著负相关。这表明，企业过度投资的程度会随着高管团队平均年龄的增长而降低。假设1a得到证实。高管团队的平均学历与企业过度投资在1%的水平上显著负相关。这表明，高管团队的平均学历水平越高，企业过度投资的程度就会越低，这与姜付秀等（2019）的研究结论相一致。假设2a得到证实。高管团队平均任期与企业过度投资负相关，但并不显著，这和我们的初步假设不相符。在假设3a中，我们认为企业的过度投资程度会随着高管团队成员任期的延长而呈逐渐加重的趋势。高管团队规模的一次项系数显著为负、二次项系数为正，但不显著。这表明，随着高管团队规模的扩大，在起初的时候，企业的过度投资水平会有一个显著下降的过程，但是当高管团队规模扩大到开始影响团队内部的顺畅交流、沟通与合作时，企业的过度投资水平就会逐步升高。假设5得到部分证实。此外，模型（5-3）的回归结果还显示，过度投资与企业财务困境的发生正相关。这表明，高管团队背景特征的同质性，可以通过与企业过度投资间的关系进而影响到企业陷入财务困境发生的可能性。

在控制变量部分，回归结果显示：企业的盈利能力与过度投资呈显著的正相关关系，这支持了自由现金流假说（Jensen，1986）；管理层持股与企业过度投资负相关；独立董事所占的比率与企业过度投资负相关，但在所有的回归结果中都不显著。这表明，当前在我国的上市公司中，独立董事所发挥的作用还很有限，我们猜测，这可能是由于独立董事"并不独立"而造成的。财务杠杆比率与企业过度投资显著负相关，这表明负债率越高的企业，进行过度投资的程度就会越深，这与伍利娜、陆正飞

（2015）、陈建勇等（2019）等的研究结论相一致。企业规模与过度投资负相关，但并不显著。股权集中度与过度投资正相关，但并不显著。

5.4.2 模型（5-2）和模型（5-3）的实证结果

表5-4报告了对模型（5-2）和模型（5-3）的实证结果。其中，①至④的数据分别是对模型（5-2）中的高管团队年龄异质性（Dagei）、高管团队专业背景异质性（Dedui）、高管团队任期异质性（Dtimei）、高管团队学历水平异质性（Ddegrei）的实证结果；表5-4中的最后一列报告的是模型（5-3）的实证结果。

表5-4 模型（5-2）和模型（5-3）的实证结果

变量	模型（5-2）				模型（5-3）
	①	②	③	④	
常数项	0.387 ***	0.391 ***	0.402 ***	0.385 ***	0.284 ***
$\text{Invest}_{i,t}^{\varepsilon+}$					0.078 ***
Dage_i	0.024 ***				
Dedu_i		−0.008			
Dtime_i			0.029 ***		
Ddegre_i				−0.009	
Ddegre_i^2				0.005	
ROA_i	0.065 ***	0.071 ***	0.066 ***	0.063 ***	−0.063 ***
Share_i	−0.021	−0.020	−0.022	−0.024 *	−0.079 ***
Indr_i	−0.007	−0.004	−0.002	−0.007	−0.045
Lev_i	0.041 ***	0.043 ***	0.042 ***	0.041 ***	0.088 ***
Size_i	−0.017 *	−0.014	−0.015 *	−0.013	−0.024 ***
Gov_i	−0.011 *	−0.009	−0.013	−0.012	0.017 *
Stock_i	0.008	0.007	0.006	0.007	−0.015
Year	控制	控制	控制	控制	控制
Industry	控制	控制	控制	控制	控制

表5-4(续)

变量	模型（5-2）				模型（5-3）
	①	②	③	④	
观测值	797	797	797	797	797
F	83.147***	97.429***	84.813***	80.016***	77.80***
Adj.R^2	0.395	0.427	0.394	0.377	0.22

注：*** 代表在 1% 的水平上显著、** 代表在 5% 的水平上显著、* 代表在 10% 的水平上显著。

表 5-4 中的两个模型的回归结果显示：高管团队年龄异质性与企业过度投资间显著正相关，即高管团队的年龄异质性越强，企业进行过度投资的程度越高。假设 1b 得到证实。高管团队中科学和工程类专业背景的人员所占比率与企业过度投机负相关，但并不显著。这表明，在中国的上市公司中，拥有科学和工程类专业背景的高管人员，在企业投资扩展方面，并非像国外文献中讲的那样占有绝对优势。假设 4 得到部分证实。高管团队任职期限异质性与企业过度投资显著正相关，这与我们的假设 3b 恰好相反。其原因可能是，任职期限异质性越强的企业，其高管团队内部的沟通、协调能力越差所导致的；高管团队学历水平异质性的一次项系数为负、二次项系数为正，但都不显著。假设 2b 部分得到证实。此外，模型（5-3）的回归结果还显示，过度投资与企业财务困境的发生正相关。这表明，高管团队背景特征的异质性，也可以通过与企业过度投资间的关系进而影响到企业陷入财务困境的可能性。

5.5　结论与政策建议

本书选取 2020—2022 年在沪深 A 股上市的公司为研究目标，并通过 Richardson（2016）的残差度量模型，对目标企业的过度投资行为进行了计算筛选，最终获得了 797 家有效样本。在随后的实证研究结果中显示：高管团队成员平均年龄与企业过度投资显著负相关；高管团队成员的平均学历与企业过度投资显著负相关；高管团队成员平均任期与企业过度投资负相关，但并不显著；高管团队规模的一次项系数显著为负、二次项系数为正，但不显著。尽管如此，我们基本上也可以认为企业过度投资会随着高管团队规模的扩大而呈现出先降低后增加的趋势；高管团队成员年龄异质性与企业过度投资显著正相关；高管团队中科学和工程类专业背景的人员所占比率与企业过度投机负相关，但并不显著；高管团队任职期限异质性与企业过度投资显著正相关；高管团队学历水平异质性的一次项系数为负、二次项系数为正，但都不显著。过度投资与企业财务困境的发生正相关，这表明高管团队背景特征可以通过与企业过度投资间的关系，进而影响到企业陷入财务困境的可能性。此外，在控制变量部分，结果还显示：企业的盈利能力与过度投资间呈显著正相关关系；管理层持股比例与企业过度投资负相关；独立董事所占的比率与企业过度投资负相关，但回归结果并不显著；财务杠杆比率与企业过度投资显著负相关；企业规模与过度投资负相关，但并不显著；股权集中度与过度投资正相关，也不显著。

以往有关过度投资的研究多是从公司治理的角度出发的，鲜有系统性地研究考虑到，高管团队成员在学历、年龄、专业、任期等上面的个体差异对企业过度投资所带来的影响。但 Hambrick 和 Mason（1984）提出的高阶理论却认为，高管人员之间由于在学历、年龄、专业、任期等上面的差异，一定会影响到他们对事物进行判断时所使用的价值观、认知、洞察力、性格情绪等方面，而这些东西正是决定一个人行为方式的基础。依据 Hambrick 和 Mason 提供的思路，我们对高管团队背景特征与企业过度投资间的关系进行了较为系统的研究，得出的结论证实了我们的猜测，企业的过度投资行为显著地受到了高管团队背景特征的影响，不仅如此，企业的过度投资行与财务困境发生的可能性之间也表现出了显著的相关性。这表明，背景特征互异的高管团队做出过度投资行为时，由于在程度和规模上存在差异，所以本企业需要承担的后果就会有区别。尽管通过研究我们发现，过度投资是一种普遍存在的行为，但其在程度上的差异却可以使一些企业的绩效受影响不会太大，而另外一些企业却可能因此而逐渐陷入财务困境之中。

基于上述原因，我们建议：今后在企业过度投资的治理及财务困境的防治上，除要考虑客观因素的作用外，还应该考虑到作为主观因素的高管团队成员的作用，考虑到高管团队在学历、年龄、专业背景等背景上区别所造成的绩效的差异。在高管团队的建设上，应努力使高管团队背景特征在同质性与异质性两方面都达到尽可能完美的结合，并以此作为一个重要因素来推动企业的健康发展。

6 高管团队背景特征、资本结构 与财务困境

6.1 引言

资本结构，习惯上也被称为融资结构、财务结构或财务杠杆。当前，我国有关资本结构方面的研究，无论是在学术界还是在实务界，多以财务杠杆来代替，而在财务杠杆度量上，又多以资产负债率来表示。所以，有关资本结构方面的研究，在大多情况下，其实就是对资产负债率或负债融资比例的研究。通常认为，企业的资产负债率既不是越高越好，也并非越低越好。当企业的资产负债率过低时，企业难以获取财务杠杆收益及抵免税收益；当企业的资产负债率过高时，又会因为企业的破产风险及财务拮据成本的增加，从而导致企业遭受新的损失，且会降低企业的价值（Robichek and Myers，1966）。

债务融资作为实务界和学术界关注的热点问题（梅波，2019）。自从Modigliani 和 Miller（1958）提出了在资本结构领域具有开创性的理论（MM 理论）以来，有关企业债务融资行为的理论研究与实践检验就不断地被发展及创新。其中，最著名的莫过于 Robichek 和 Myers（1966）的权衡理论、Jensen 和 Mechling（1976）的代理成本理论以及 Myers 和 Majuf（1984）的融资优序理论。Robichek 和 Myers（1966）的权衡理论认为，企业因债务融资比例过高而带来的风险，主要是指企业的破产风险或财务拮据成本的增加。破产风险或财务拮据成本是指企业因为没有足够的债务偿还能力，不能及时偿还到期的债务而为企业带来的风险。Jensen 和 Meckling（1976）指出，公司债务融资中存在的违约风险是财务杠杆比率

的增函数，随着公司债务融资比例的提高，债权人所支付的监督成本也会随着上升，因此，债权人会要求债务人支付更高的债务利息率，但归根结底，这些增加的成本最终都由公司的股东进行承担。所以，他们得出的结论是，若公司整体资本结构中的债务融资比率过高，有导致公司股东价值下降的风险。Myers 和 Majuf（1984）的融资优序理论则认为，由于存在信息的非对称和逆向选择等问题，企业所进行的融资行为会表现出明显的偏好顺序：首先考虑内源融资，之后考虑银行信贷融资或债券融资，最后才会考虑发行股票。如果一个企业的盈利能力较强，则可利用的内源融资将会有较好的保证。因此，企业的盈利能力与内源融资行为呈正相关关系，与外源融资行为则呈负相关关系；同样的道理，企业的流动性能力指标与内源融资行为也呈显著正相关关系。此外，成长性强的企业，往往容易产生内部人与外部人之间的信息不对称问题。为避免价值被低估，企业就会更加倾向选择内源融资，因此，企业的成长性与外源融资行为呈负相关关系。

当前有关资本结构方面的研究，不管是权衡理论还是代理成本理论，抑或是融资优序理论，都建立在一个共同的基础之上，即这些理论都假设企业高管是完全理性的。但在现实生活中，人并非在任何时候都是完全理性的。正如高阶理论所阐述的一样，在一般情况下，企业高管都是有限理性的。然而，高管们所面临的决策环境却是十分复杂的，经常会有超出高管们理解范畴的事件发生。这时，高管会根据自身的价值观、认知、性格等做出行动决策。另外，该理论还指出，作为决定高管团队行为决策模式的价值观、认知、洞察力等，主要源于高管的背景特征，如年龄、性别、学历、专业、职业背景等（Hambrick and Mason，1984）。高阶理论向我们揭示了这样一个事实，高管之间是存在个体差异的。即使在面临相同情况时，不同的高管由于在价值观、认知、性格等上的差异，也会做出不同的行动决策。余明桂等（2016）的研究发现，管理者的自信程度与本企业的资产负债率及短期负债率之间都呈现出显著正相关关系，这表明管理者的心理特征会影响到他们的融资决策。但是目前从高管背景特征的角度去研究企业资本结构的文献寥寥无几。

基于此，本章将从高管团队的背景特征入手，来专门研究高管团队的背景特征给企业资本结构带来的影响，以及由资本结构上的区别所造成的企业财务困境发生可能性上的差异。

6.2 理论分析与研究假设

按照高阶理论的观点，企业高管的背景特征如年龄、性别、学历、专业、职业背景等会对他们自身的价值观、认知、洞察力等产生巨大影响。而在许多情况下，企业高管正是根据自己的价值观、认知、洞察力等做出了行动决策，决策质量又会反映到企业的绩效上来，并最终造成了企业间的优劣（Hambrick and Mason，1984）。Penros（1959）则认为，企业是一个在组织管理框架下进行生产的资源集合体，企业发展离不开资源，一个企业在做战略决策时，其独特的资源和能力是制定与执行战略决策的基础。此外，Penros还指出，人才对于一个企业来说是最宝贵的资源。按照Penros的说法，人才既然是一种资源，那么人与人之间就一定存在资源禀赋上的差异，这个差异也必将会影响到企业战略决策的制定与执行。例如，高学历管理人员所能接触人的层次可能也会较高，社会关系网络资源就较丰富，其可供选择的融资渠道也较多，企业维持合理的资本结构的能力就更强，从而使得高学历人员所管理的企业更容易保持较健康的财务状况。基于上述分析，接下来，我们将对高管团队背景特征与资本结构，以及通过资本结构对企业财务困境的发生所造成的影响进行系统的论述及研究。

6.2.1 高管团队成员年龄与资本结构

Donakson和Lorch（2011）发现，企业管理人员在战略决策上的态度会影响企业的资本结构。众所周知，处于不同年龄段的人群，他们之间的认知基础会有所区别，即使在面对同一件事情时，年长者与年幼者的态度也可能会不一样。Carlsson和Karlsson（1989）认为，对于年长的管理者而言，可能会把财务与职业安全看得更加重要，年长的管理人员，一般都已经拥有稳定的社会活动圈，其消费特征相对单一，外加上对退休收入的期望，可能他们更愿意维持现状，采取保守战略。而年轻的管理者则更愿意尝试具有创新及冒险精神的决策（Bantel 和 Jackson，1989）。Carlsson 和 Karlsson（1980）、Vroom 和 Pahl（1981）的研究结果也表明，年龄越大的管理者越倾向于采取低风险的决策。Tihanyi 和 Ellstrand（2020）则认为，平均年龄低的高管团队对在复杂环境下管理企业的自信心会更强，更愿意推进企业的国际化经营。姜付秀等（2019）也发现，管理者过度自信与企业的总投资水平、内部扩张之间存在显著的正相关关系。

通过上述的总结分析，我们发现，年长的管理者倾向采取低风险、保守的战略决策；而年轻的管理者则倾向于采取具有创新冒险的战略决策，且年轻人的自信心也更强，对内、对外的扩张速度更快。在两种不同年龄段的管理者身上所表现出的差异，揭示出两个事实：①年轻的管理者自信心强，企业扩张速度快，这在客观上需要大量的资金作为支撑；②年轻的管理者具有冒险精神，这将使得他们敢于选择更激进的资本结构。因此，我们提出假设1a。

假设1a：高管团队成员平均年龄与企业资本结构负相关。

年龄异质性是高管团队背景特征里面影响战略决策过程的一个重要因素之一（Tihanyi，2020）。Zenger和Lawrence（2000）认为，项目团队年龄异质性与团队小组内部的经常性技术交流呈负相关关系。Crocker和Major（2000）则发现，高管团队年龄异质性将会导致高管团队成员间的相互交流与合作减少，高管团队内部的凝聚力下降，高管团队成员的满意度降低，从而引起团队内部成员间的冲突。有关研究还发现，高管团队成员的年龄差异性程度越强，团队成员的离职率就越高（Reilly et al.，2000；Wiersema and Bird，2005）。

总而言之，高管团队的年龄异质性，将会减少团队成员间的相互交流与合作，增加团队内部的冲突，降低团队内部凝聚力，并导致高管离职率升高等。异质性团队所有的这些负效应，最终必将造成企业绩效的下降。且已有研究结果表明，企业的盈利能力与资产负债率呈负相关关系（Titaman and Wessels，2001）。因此，我们提出假设1b。

假设1b：高管团队年龄异质性与企业资本结构正相关。

6.2.2 高管团队成员学历与资本结构

Smith（2008）认为，个人的学历水平与一个人的知识和技能基础是直接联系在一起的，因此，个人的学历水平被认为与其灵活应变以及信息的处理能力呈正相关关系。Pesels和Yang（2020）、Tihanyi（2020）也认为，高管团队成员的学历水平越高，团队获得的有效信息会越多，聚集战略资源的相对效率会越高，越有可能制定和执行有利于企业发展的投资战略。

胡荣（2013）的研究也发现，关系主体的学历水平越高，他们在社会交往上的参与程度也越高，所交往对象的社会层次也会越高。Hambrick 等（1984）、Cho 等（2006）则认为，高管团队成员的平均学历水平越高的企业，其对战略行动结果的可预见性越高，所涉及的范围越广以及反应速度也更快，在遭到竞争对手主动进攻时，学历水平高的团队比学历水平低的高管团队反应会更加迅速。因此，Hambrick、Cho 等认为，高管学历水平的高低将在一定程度上决定高管决策及预见能力的强弱。Shipilov 和 Danis（2016）则认为，学历水平较高的高管团队将会比学历水平低的高管团队拥有更多的社会资本，而高管团队所拥有的社会资本则是能否取得最优公司绩效的关键因素之一。Bantel 和 Jackson（2001）在一项针对银行的研究中发现，平均学历水平高的高管团队与该银行的创新能力正相关，且平均学历水平高的高管团队更倾向采取重要的战略决策，以获得企业的长期发展能力，其在执行战略变革时也更加成功，获得好的绩效概率会更高。

综合以上分析，我们发现，高管团队的平均学历水平的高低是与信息处理的能力的强弱、资源聚集效率的高低、社会资本的多寡、决策速度的快慢、战略预见能力的强弱等联系在一起的。因此，我们可以认为，平均学历水平越高的高管团队，对企业的整体发展来说会越有利，预计企业的盈利能力也会更强，内源性资金应该也会更充裕。如果是这样的话，依据融资优序理论的解释（Myers and Majuf，1984），高管团队平均学历水平高的企业就越不需要大规模地进行债务融资。因此，我们提出假设 2a。

假设 2a：高管团队成员学历平均水平与企业资本结构负相关。

Smith（1994）认为，高管团队成员学历水平异质性，能够为团队提供多元化的信息，对于所发生现象的理解层次也会更深，从而能够提高战略决策的质量和企业的绩效。肖久灵（2016）则认为，高管团队成员学历水平异质性能够使团队从不同的角度去看待各种问题，因此，也更能增强团队成员的创造能力，使之产生更多的创新观点及对问题的解决方案，进而能够促进高管团队整体效能的提升。谢凤华等（2018）则发现，高管团队成员学历水平异质性，与企业的研发绩效、生产制造绩效以及创新过程绩效等都呈正相关关系。李玮文（2016）指出，高管团队成员学历水平异质性，与企业的战略变化呈正相关关系。Simon 等（2011）的研究结果表明，高管团队学历水平异质性优势的发挥与团队内部的讨论呈正相关关系，团队内部的适度讨论强化了学历水平异质性的积极影响。如果团队成员之间没有讨论，由团队学历水平异质性导致的认知差异，就会只是停留在初始阶段，不会形成相互观念的交流、融合；而团队成员之间相互讨论，可以使各成员遇到新的观点、信息时，会重新审视他自己的观点和思考是否忽略了关键的影响因素。

基于上述分析，我们预计高管团队学历水平异质性与企业绩效将会是一个正相关关系。因此，我们提出假设2b。

假设2b：高管团队学历水平异质性与企业资本结构负相关。

6.2.3 高管团队成员任期与资本结构

Hambrick 和 Aveni（2005）比较了破产企业与成功企业在高管团队成员任期上的差异时发现，破产企业高管团队的平均任期明显要短。由此，他们指出，高管团队成员的平均任期如果太短，有可能会导致团队内部成员间的相互理解不够，缺少足够的时间来收集整合信息，成员间的沟通交流也没有得到充分的进行，这将大大增加企业战略决策失误的概率。Finkelstein（2001）的研究则发现，高管团队成员的平均任期与企业战略的正确制定和执行、企业绩效的增长之间均呈正相关关系，因为高管团队成员任期越长，高管团队内部就会越稳定，成员间的冲突就会越少，相互间的沟通却会增加，企业的整体效率将提高。Katz（1982）也认为，高管团队成员任期越长，团队成员间的沟通与磨合就会越多，所以就更有利于减少内部间的冲突，并维持高管团队的稳定，企业的绩效也将得到提高。此外，Finkelstein 和 Hambrick（2001）还发现，随着高管团队成员任期的增加，团队成员逐渐表现出对风险的厌恶趋势，企业战略会趋于谨慎、保守。Barker 和 Mueller（2012）也发现，任期长的高管团队对通过投资研发而追求创新的战略不感兴趣，他们将更倾向强调稳定和效率；与之相反，任期短的高管团队将更加愿意承担风险，并把更多的资源投入研发中去，因为他们急于用一些成果来证明自己是能够胜任的在职者。

基于上述分析，我们认为，高管团队成员任期的增加将会带来两个后果：①团队内部的稳定性增强，成员间的冲突减少，相互间的沟通增加，企业的经营绩效得到提高；②高管团队成员任期的增加还将导致风险厌恶程度的提高，战略决策趋向于相对保守，与任期短的高管团队相比，在资源的消耗上也会相对较少。以上二者都将导致企业债务融资比例的降低。因此，我们提出假设3a。

假设 3a：高管团队成员平均任期与企业资本结构负相关。

Dutton（1987）、Finkelstein 和 Hambrick（2008）研究了高管团队成员任期与战略决策间的关系后发现，由于高管进入高管团队的时间不同，他们所经历的企业发展阶段和事件互异，导致他们对组织本身及战略的理解不同，因此，由不同任期成员组成的高管团队，具有多元化的信息收集途径，以及对所获信息的多层次理解，从而能够产生多种战略方案，并能够对其进行全方位的评估，这就保证了决策的质量，促进了组织的健康发展。Priem（2011）也认为，与任期同质性的高管团队相比，任期异质性的高管团队拥有更加丰富的社会经验和组织经验，从而可以形成多元化的创新观点。此外，Smith 等（2006）还认为，对于高管团队成员任期异质性较高的企业来说，其管理人员在社会人脉关系网络资源及组织经验上都会更加丰富，可能对企业的发展会更有利。

基于上述分析，我们认为，任期异质性高的团队在管理绩效上要优于任期同质性低的团队。因此，我们提出假设 3b。

假设 3b：高管团队任期异质性与企业资本结构负相关。

6.2.4　高管团队成员专业背景与资本结构

Wiersema（2004）认为，一个人的专业背景与他所具备的专业技能，以及由此产生的偏好、认知、价值观等密切联系在一起，并由此会对企业的战略选择、绩效等产生影响，高管团队的专业背景异质性程度越高，就越容易获得一系列多元化信息、技能和观念，从而拥有更加广泛的关于战略方案制定的设想，所以高管团队专业背景异质性程度越高，企业发展战略的变革能力就越强。Hambick 和 Mason（1984）认为，企业的战略决策、经营绩效等组织结果的变化与高管团队成员的专业背景有着密切的联系。Hambrick 和 Aveni（2004）认为，高管团队成员的专业背景特征可分为两类：一类是生产、设计、营销、管理等方面的技能，这些专业技能背景并不能为公司的发展提供持续的竞争力；另一类则主要是金融、会计、法律等方面的技能。Nonaka 和 Konno（2010）的研究结果也显示，拥有科学和工程类专业背景的企业家，在利用社会网络，对企业所掌握的知识、技术等资源进行相互交换、系统整合、扩展创新方面具备明显的优势。Wiersema 和 Bantel（2004）认为，与拥有经济管理类专业背景的高管相比，拥有科学和工程类专业背景的高管更能够接受战略上的改变，这类企业也更容易成功。上述的研究结果表明,当前不少的学者都认为,拥有科学和工程类专业背景的高管与拥有经济管理类专业背景的高管相比,不论是在企业的战略决策上,还是在社会资源的掌握上,都更加具备优势,基于上述分析,我们预计,由前者所管理的企业绩效会更好。因此,我们提出假设4。

假设4:高管团队内拥有经济管理类专业背景的人员所占比例与企业资本结构正相关。

6.2.5　高管团队规模与资本结构

Hambrick 和 Avenis(2004)认为,高管团队所拥有资源的多寡主要取决于团队组成人数的多少。Manjuka 和 Baldwin(2003)也认为,高管团队人数的增加不仅为团队带来更多的资源和技能,也给团队的内部交流与协调出现造成了障碍,从而会降低团队的凝聚力和满意度。Rivastava 等(2015)指出,规模较大的高管团队,意味着拥有更为广泛的社会关系网络,能够实现从更加广阔的范围内为企业的发展聚拢资源。Khwaja 和 Mian(2015)则发现,与其他企业相比,拥有良好政治关系的企业更容易获得银行的贷款,且贷款的利率较低;Faccio 等(2019)的研究结果则进一步证明,那些拥有良好政治关系的企业之所以能够更加容易获得银行贷款,可能并不是政府对银行的信贷政策施行直接干预的结果,而是由于拥有良好政治关系的企业能够获得政府提供的特殊优惠,这种特殊优惠实际上是一种为企业的银行贷款提供的隐性担保。基于此,他们认为,当拥有良好政治关系的企业在企业财务陷入困境之时,也更容易获得政府的财政救助。政治关系作为企业高管团队所拥有的资源的一种,一般认为,企业规模较大的高管团队与企业规模较小的高管团队相比,会拥有更强的政治关系。因此,我们提出假设5。

假设5:高管团队规模与企业资本结构正相关。

6.2.6　资本结构与企业财务困境

王满四(2016)基于环境依赖理论的观点,在兼顾环境因素的情况下,通过实证研究发现,债务融资与公司绩效负相关。Rimbey(2010)、Mohd(2010)、Titman 和 Wessels(2000)的研究结果显示,负债比率与公司绩效呈负相关关系,即公司的负债率越高,绩效会越差。冯建、罗福凯

（2016）的研究结果也显示，企业财务杠杆水平与资产盈利能力呈显著负相关关系。田利辉（2017）的研究还发现，伴随银行信贷规模的扩大，经理的公款消费和自由现金流规模也在增大，而企业的价值和效率却在不断下降，企业债务融资不但没有提高我国的公司治理效率，反而增加了经理的代理成本。Harris 和 Raviv（2000）则认为，企业过度负债将会降低自身的管理效率。他们的理由是，高负债率所带来的破产风险压力巨大，将导致经营者把更多的注意力集中于对债务的还本付息之上，从而造成他们对企业管理的其他方面关注的减少，这必将引起企业管理效率下降。Jensen 和 Meckling（1976）指出，公司债务融资中存在的违约风险是财务杠杆比率的增函数，随着公司债务融资比例的提高，债权人所支付的监督成本也会随着上升，因此，债权人会要求债务人支付更高的债务利息率。但归根结底，这些增加的成本最终都是由公司的股东进行承担的。所以，他们得出的结论是，公司整体资本结构中的债务融资比率若过高，有导致公司股东价值下降的风险。Grossman 和 Hart（1993）认为，在高负债率的情况下，企业管理层面临的破产威胁也会更大。Diamond（2003）也认为，债务本金及利息的偿还是与公司的破产联系在一起的。因此，我们提出假设 6。

假设 6：资本结构与企业财务困境发生的可能性正相关。

6.3　研究设计

6.3.1　样本选择与数据来源

本书选取 2020—2022 年在沪深 A 股上市的公司为研究样本。本书剔除了回归中所使用变量值缺失的公司，在此基础上，还对样本做了如下五个方面的处理：①剔除了金融行业的公司。金融行业会计准则与其他行业会计准则具有较大差异，相关指标在金融行业与非金融行业之间不具有可比性，本书遵从以往的研究惯例，予以剔除。②剔除了研究期间董事长发生变更及被 PT 的公司。③为了避免公司上市之初在许多方面所做的粉饰、包装等因素的影响，本书选取了 2004 年 12 月 31 日之前上市的公司作为研究样本。④剔除了当年进行配股或增发的公司。众多研究结果表明，在企业进行配股或增发的前后，企业从事正向或负向盈余管理的概率提高。

⑤本书对所有控制变量进行 winsorize 处理，小于1%分位数与大于99%分位数的变量，令其值分别等于1%分位数和99%分位数，以消除极端值的影响。经过筛选后，我们总共得到3 175个有效样本。

本书所用的数据全部来自上海证券交易所、深证证券交易所、国泰安数据库、聚源数据库、金融界网（www.jrj.com.cn）、巨潮资讯网（www.cninfo.com.cn）。

研究样本的行业分布和资产负债率状况见表6-1。

表6-1　研究样本的行业分布和资产负债率状况

行业名称	样本数	均值	标准差	最小值	最大值	中位数
农业	77	0.505	0.199	0.081	0.973	0.508
采掘业	63	0.454	0.128	0.119	0.744	0.455
食品、饮料	132	0.447	0.174	0.105	0.929	0.427
纺织、服装、皮毛	165	0.478	0.188	0.114	0.999	0.502
造纸、印刷	64	0.595	0.164	0.185	0.933	0.593
石油、化学、塑胶、塑料	321	0.520	0.176	0.018	0.994	0.544
电子	112	0.438	0.184	0.075	0.919	0.462
金属、非金属	291	0.553	0.166	0.042	0.980	0.572
机械、设备、仪表	509	0.531	0.171	0.009	0.991	0.546
医药、生物制品	215	0.453	0.209	0.033	0.994	0.435
其他制造业	47	0.492	0.161	0.148	0.960	0.481
电力、煤气及水的生产和供应业	152	0.540	0.182	0.097	0.908	0.579
建筑业	74	0.669	0.124	0.302	0.916	0.693
交通运输、仓储业	141	0.446	0.233	0.039	0.973	0.412
信息技术业	182	0.485	0.185	0.063	0.977	0.489
批发和零售贸易	201	0.566	0.179	0.000	0.952	0.576
房地产业	131	0.578	0.170	0.145	0.979	0.614
社会服务业	102	0.438	0.179	0.021	0.852	0.437
传播与文化产业	24	0.391	0.237	0.068	0.999	0.346

表6 1(续)

行业名称	样本数	均值	标准差	最小值	最大值	中位数
综合类	172	0.557	0.183	0.152	0.981	0.568

注：行业按照证监会 2001 年颁布的分类标准进行划分（除制造业按照二级明细代码划分为小类之外，其他行业均按大类划分。此外，还需要说明的是，由于木材家具制造业公司数较少，我们把它划归为了其他制造业类）。

6.3.2 模型构建与变量说明

依据本书的研究目的及上文所得到的讨论，参照 Rajan 和 Zingales，2007）、Friend 和 Lang（2000）、姜付秀等（2019）的研究方法，我们分别建立了以下检验模型：

$$\text{Lev}_i = \beta_0 + \beta_1 \text{Sage}_i + \beta_2 \text{Sdegre}_i + \beta_3 \text{Stime} + \beta_4 \text{Ssize}_i +$$
$$\beta_5 \text{ROA}_i + \beta_6 \text{TbinQ}_i + \beta_7 \text{Size}_i + \beta_8 \text{Gov}_i +$$
$$\sum \text{Year} + \sum \text{Industry} + \varepsilon_i \qquad (6-1)$$

$$\text{Lev}_i = \beta_0 + \beta_1 \text{Dage}_i + \beta_2 \text{Ddegre}_i + \beta_3 \text{Dtime}_i + \beta_4 \text{Dedu} +$$
$$\beta_5 \text{ROA}_i + \beta_6 \text{TbinQ}_i + \beta_7 \text{Size}_i + \beta_8 \text{Gov}_i +$$
$$\sum \text{Year} + \sum \text{Industry} + \varepsilon_i \qquad (6-2)$$

$$Z_i = \beta_0 + \beta_1 \text{Iev}_i + \beta_2 \text{ROA}_i + \beta_3 \text{Share}_i + \beta_4 \text{Indr}_i + \beta_5 \text{Size}_i +$$
$$\beta_6 \text{Gov}_i + \beta_7 \text{Stock}_i + \sum \text{Year} + \sum \text{Industry} + \varepsilon_i \qquad (6-3)$$

模型中的变量说明如下：

因变量部分。在资本结构的界定上，我们将使用资产负债率（Levi）作为企业资本结构的替代变量（Berger et al.，2009；Cantillo and Wright，2020）。在财务困境的界定上，将和前面使用相同指标，即用 ST 公司作为财务困境的界定标准（陈静，2012；张玲，2020；陈晓和陈治鸿，2020；李华中，2021；姜秀华和孙铮，2021；吴世农和卢贤义，2011）。

自变量部分。在高管背景特征的界定上：①高管团队的界定与前文一致，即把担任管理职位的董事会成员（含董事长）、监事会成员、总经理、总裁、常务（或第一）副总经理、常务（或第一）副总裁、财务总监（或财务负责人）、技术总监、总工程师、董事会秘书等人员，界定为高管团队成员；②本书按照同质性与异质性两个方面，共选取了八个反映高管团队背景特征的变量。其中，同质性变量包括高管团队平均年龄（Sagei）、高管团队学历平均水平（Sdegrei）、高管团队平均任期（Stimei）、高管团队规模（Ssizei）四个；异质性变量包括高管团队年龄异质性（Dagei）、高管团队学历水平异质性（Ddegrei）、高管团队任期异质性（Dtimei）、高管团队中经济管理类专业背景人员比率（Dedui）四个。此外，需要说明的是，我们对 Dagei、Ddegrei、Dtimei 三个变量将采用标准系数法进行计算。所谓标准差系数法（Coefficient of variation），即在计算上以变量的标准差/变量的均值来表示，标准差系数越大，代表异质性程度越大。Allison（1988）在检验了多种异质性度量方法后，发现标准系数法在测量比较高低大小的连续变量时，具备明显的优势。

控制变量部分。盈利能力（ROAi），用总资产净利润率来表示。有关研究结果表明，盈利能力越强的公司债务融资比率越低（Titaman and Wessels，1988）；此外，公司盈利能力越强，代表企业自身的"造血"能力越强，陷入财务困境的概率就越低（Ohlson，1990）。

投资机会（TbinQi），用托宾 Q 值来表示。Jensen 和 Mekling（1976）认为，企业的投资机会与负债比例正相关。

高管团队持股比例（Sharei），用高管团队持股之和占公司总股本的百分比来表示。Jensen 和 Meckling（1976）认为，股权越是集中在公司管理者的手中，管理者因为支出偏好所造成的公司的价值损失中的一大部分将由管理者自己去承担，因此，管理者的行为会更加合理化。

独立董事比例（Indri），用独立董事人数占全部董事的比重表示。作为公司治理的替代变量，公司治理的结构上的改善能够降低企业财务困境发生的可能性（Zhen Wang，Li Liu and Chao Chen，2002）。

公司规模（Sizei），用企业期末资产总额的自然对数来表示。Fama 和 Jensen（1983）认为，公司规模与债务融资能力正相关。此外，一般认为大企业抗风险的能力更强。

所有权性质（Govi），我们把所有权性质为国家的取 1，否则取 0。国有企业与民营企业在代理问题上的区别，可能会导致企业在过度投资的强度及企业风险的大小上出现差异（姜付秀 等，2019）。

大股东持股（Stocki），我们令第一大股东所持股份与第 2～第 10 股东的股份之和比值小于 1 时变量取 1，否则取 0。Shleifer 和 Vishny（1986）认为，存在大股东的公司对管理层的制约及监督能力会更强。

年度变量（Year）。属于本年度的取 1，否则取 0；行业变量（Industry），本书以综合类型行业（M）为基准，属于本行业取1，否则取0。

具体变量定义如表6-2所示。

表6-2　变量定义

变量符号	变量名称	变量界定
Lev_i	资产负债率	负债总额/期末资产总额
Z_i	财务困境公司	把ST公司界定为财务困境公司
$Sage_i$	高管团队平均年龄	≤30岁赋值1；31~40岁（含40岁）赋值2；41~50岁（含50岁）赋值3；51~60岁（含60岁）赋值4；>61岁赋值5。每年数据为所赋值的均值
$Sdegre_i$	高管团队学历平均水平	中专及以下赋值1；大专赋值2；本科赋值3；研究生赋值4；博士生赋值5。每年数据为所赋值的均值
$Stime_i$	高管团队平均任期	团队成员担任当前职位的平均时间。以年为单位，小数点后保留到月
$Ssize_i$	高管团队规模	年报当中披露的高管团队人数
$Dage_i$	高管团队年龄异质性	≤30岁赋值1；31~40岁（含40岁）赋值2；41~50岁（含50岁）赋值3；51~60岁（含60岁）赋值4；>61岁赋值5。采用标准差系数法进行计算
$Ddegre_i$	高管团队学历水平异质性	中专及以下赋值1；大专赋值2；本科赋值3；研究生赋值4；博士生赋值5。采用标准差系数法进行计算
$Dtime_i$	高管团队任期异质性	团队成员担任当前职位的时间。采用标准差系数法进行计算
$Dedu_i$	高管团队经济管理类专业背景比率	在国务院学位委员会的分类基础上，本文对教育专业进行了重新划分和科学，包括工程（理学、工学、农学和医学）、经济管理（经济学、管理学）、文学艺术（哲学、文学、历史学）、法律（法学）、其他（教育学、军事学、无教育专业者）五大类。用经济管理类人数/高管团队总人数来计算
ROA_i	盈利能力	净利润/期末总资产来
$TbinQ_i$	投资机会	（股权期末净值+净债务期末价值）/期末总资产
$Size_i$	公司规模	用企业期末资产总额的自然对数来表示

表6-2(续)

变量符号	变量名称	变量界定
$Share_i$	高管团队持股比例	高管团队持股之和/公司总股本
$Indr_i$	独立董事比例	独立董事人数/董事总人数
Gov_i	所有权性质	我们把所有权性质为国家的取1，否则取0
$Stock_i$	大股东持股	我们令第一大股东所持股份与第2~10名股东的股份之和比值小于1时变量取1，否则取0
Year	年度变量	属于本年度的取1，否则取0；
Industry	行业变量	以综合类型行业（M）为基准，属于本行业取1，否则取0

6.3.3 描述性统计

表6-3报告了变量的描述性统计。结果显示：在同质性指标方面，样本公司高管团队平均年龄（$Sage_i$）得分为3.305分，处于40~50这个年龄段，具体对应在43岁的位置上。高管团队平均学历水平（$Sdegre_i$）得分为3.117分，基本处于本科的层次上。高管团队成员的平均任职年限（$Stime_i$）为3.591年，可以看出，我国上市公司高管的平均任职年限并不算长。高管团队规模的均值得分为18.100分，为18人；在异质性指标方面，样本公司高管团队年龄异质性（$Dage_i$）均值得分为0.243分。学历水平异质性（$Ddegre_i$）均值得分为0.257分。任职期限异质性（$Dtime_i$）均值得分为0.406分。高管团队内经管类人员所占比率（$Dedu_i$）均值得分为0.411分。

表6-3 主要变量的描述性统计

变量	样本量	均值	中位数	最大值	最小值	标准差
$Sage_i$	3 175	3.305	3.319	4.214	2.097	0.485
$Sdegre_i$	3 175	3.117	3.125	4.112	1.916	0.391
$Stime_i$	3 175	3.591	3.566	7.374	1.05	1.234
$Ssize_i$	3 175	18.100	18	38	8	3.823
$Dage_i$	3 175	0.243	0.245	0.695	0.001	0.241

表6-3(续)

变量	样本量	均值	中位数	最大值	最小值	标准差
$Ddegre_i$	3 175	0.257	0.244	0.694	0	0.091
$Dtime_i$	3 175	0.406	0.400	1.270	0.112	0.197
$Dedu_i$	3 175	0.411	0.414	1	0	0.199
ROA_i	3 175	0.03	0.03	0.20	−0.23	0.062
$TbinQ_i$	3 175	1.53	1.22	5.35	0.77	0.813
$Size_i$	3 175	21.35	21.26	27.63	14.94	1.096
Gov_i	3 175	0.715	1	1	0	0.449

6.4 实证结果及分析

6.4.1 模型（6-1）和模型（6-3）的实证结果

表6-4报告了模型（6-1）和模型（6-3）的实证结果。在模型（6-1）中，我们就高管团队平均年龄（Sagei）、高管团队平均学历水平（Sdegrei）、高管团队平均任期（Stimei）、高管团队规模（Ssizei）与企业资本机构（Levi）之间的关系进行了分别回归，其结果列示为①至④；表中的最后一列为模型（6-3）的回归结果。

表6-4　模型（6-1）和模型（6-3）的实证结果

变量	模型（6-1）				模型（6-3）
	①	②	③	④	
常数项	0.241	0.307	0.253	−0.179	0.092***
Lev_i					0.118***
$Sage_i$	−0.039***				
$Sdegre_i$		−0.236***			
$Stime_i$			−0.019		
$Ssize_i$				0.007	

表6-4（续）

变量	模型（6-1）				模型（6-3）
	①	②	③	④	
$Share_i$					−0.081***
$Indr_i$					−0.01
$Stock_i$					0.014
ROA_i	−0.902***	−0.904***	0.907***	−0.914***	−0.084***
$TbinQ_i$	−0.025***	−0.029***	−0.031***	−0.028***	
$Size_i$	0.045***	0.048***	0.051***	0.039	−0.067**
Gov_i	0.041	0.037	0.042	0.036	−0.119***
Year	控制	控制	控制	控制	控制
Industry	控制	控制	控制	控制	控制
观测值	3 175	3 175	3 175	3 175	3 175
F	79.47***	74.30***	76.70***	75.96***	97.58***
Adj.R^2	0.443	0.306	0.318	0.425	0.203

注：*** 代表在1%的水平上显著、** 代表在5%的水平上显著、* 代表在10%的水平上显著。

在表6-3的回归结果中，我们发现：高管团队平均年龄与企业资本结构在1%的水平上呈显著负相关关系，这表明，高管团队平均年龄越大的企业，其资产负债率相对应该更低。假设1a得到证实。高管团队学历平均水平与资本结构也呈显著负相关关系，这表明，高管团队平均学历越高的企业，其资产负债率越低。假设2a得到证实。而高管团队平均任职期限和高管团队规模与企业资本结构均不显著。假设3a和假设5没有得到完全证实。此外，模型（6-3）的回归结果还显示，企业资本结构与财务困境的发生呈正相关关系，这表明，高管团队背景特征的同质性可以通过与企业资本结构间的关系，进而影响到企业陷入财务困境的概率。

控制变量部分。回归结构显示：企业的盈利能力与资本结构及财务困境发生的可能性间均呈显著负相关关系；高管团队持股比例与企业财务困境的发生也显著负相关。由此，可以看出，今后通过股权激励等措施来提高高管团队的持股比例，对提升公司治理绩效来说，将是一个行之有效的办法；而独立董事比例与企业财务困境发生的可能性不显著，这表明，独立董事制度在当前的中国并没起到很好的公司治理作用，因此，我们认为，今后应进一步加强独立董事制度的建设；企业规模与资本结构正相关，这表明企业的规模越大，其进行债务融资的能力就越强。

6.4.2 模型（6-2）和模型（6-3）的实证结果

表6-5报告了模型（6-2）和模型（6-3）的回归结果。其中①至④的数据，是分别对模型（6-2）中的高管团队年龄异质性（Dagei）、高管团队专业背景异质性（Dedui）、高管团队任期异质性（Dtimei）、高管团队学历水平异质性（Ddegrei）的回归结果；表6-5中的最后一列报告的是模型（6-3）的回归结果。

表6-5　模型（6-2）和模型（6-3）的实证结果

变量	模型（6-2）				模型（6-3）
	①	②	③	④	
常数项	0.031	0.472	−0.054	−0.083	0.092 ***
Lev_i					0.118 ***
$Dage_i$	0.013				
$Ddegre_i$		−0.038 ***			
$Dtime_i$			−0.012		
$Dedu_i$				0.031 **	
$Share_i$					−0.081 ***
$Indr_i$					−0.01
$Stock_i$					0.014
ROA_i	−0.871 ***	−0.896 ***	−0.846 ***	−0.825 ***	−0.084 ***
$TbinQ_i$	−0.027 ***	−0.025 ***	−0.022 ***	−0.024 ***	
$Size_i$	0.048 ***	0.041 **	0.045 ***	0.044 ***	−0.067 **
Gov_i	0.035	0.31	0.037	0.036	−0.119 ***
Year	控制	控制	控制	控制	控制
Industry	控制	控制	控制	控制	控制
观测值	3 175	3 175	3 175	3 175	3 175

表6-5(续)

变量	模型（6-2）				模型（6-3）
	①	②	③	④	
F	74.77***	71.76***	74.88***	77.72***	97.58***
Adj.R^2	0.438	0.303	0.324	0.341	0.203

注：*** 代表在1%的水平上显著、** 代表在5%的水平上显著、* 代表在10%的水平上显著。

在表6-5的回归结果中，我们可以发现：资本结构与企业财务困境发生的可能性在1%的水平上显著正相关。假设6得到证实。这表明，企业的资产负债率越高，企业发生财务困境的可能性越大。此外，我们还发现，高管团队学历水平异质性与企业资本结构呈显著负相关关系。假设2b得到证实。这表明，高管团队学历水平异质性的提高，有利于降低企业财务困境发生的概率；高管团队中经管类专业背景人员所占比例与企业资本结构显著正相关。假设4得到证实。这表明，高管团队中经管类专业背景人员比例的提高将有可能提高企业发生财务困境的概率。分析其中的原因，我们认为，这可能是与科学和工程类专业背景的人员相比，经管类专业背景的人员也许会更加激进，有经管类专业背景的人员所管理的企业扩张速度更快，从而增加了企业陷入财务困境的可能性；高管团队年龄异质性与企业资本结构正相关，但不显著。假设1a未得到完全证实。高管团队任期异质性与企业资本结构负相关，但也并不显著。假设3b未得到完全证实。

6.5 结论与政策建议

本书以2020—2022年在沪深A股上市的公司为研究目标，经过筛选，共得到3 175个有效样本。在随后的回归结果中显示：高管团队平均年龄与企业资本结构在1%的水平上呈显著负相关关系；高管团队学历平均水平与资本结构也呈显著负相关关系；而高管团队平均任职期限与企业资本结构负相关，但不显著；高管团队规模与企业资本结构呈正相关关系，但也并不显著；资本结构与企业财务困境发生的可能性在1%的水平上显著正相关；我们还发现，高管团队学历水平异质性与企业资本结构呈显著负相关关系；高管团队中经管类专业背景人员所占比例与企业资本结构显著正相关；高管团队年龄异质性与企业资本结构正相关，但不显著；高管团队任期异质性与企业资本结构负相关，但也不显著；此外，回归结果还显示，资本结构与企业财务困境的发生呈正相关关系，这表明，高管团队的背景特征可以通过与企业资本结构间的关系，进而影响到企业发生财务困境的可能性。在控制变量部分，企业的盈利能力与资本结构及财务困境发生的可能性均呈显著负相关关系；高管团队持股比例与企业财务困境的发生也显著负相关；而独立董事比例与企业财务困境发生的可能性呈负相关关系，但不显著；企业规模与资本结构间基本上呈显著正相关关系。依据上述回归结果，我们提出以下政策建议：

6.5.1 保持合理的资本结构，降低企业发生财务困境的可能性

本章的实证结果显示，以资产负债率表示的资本结构与企业财务困境发生的可能性呈显著正相关关系。这表明，企业的资产负债率要与自身的资产和权益相配比，企业在进行债务融资的时候，除要考虑到正常的生产经营对资金的需求量外，还要考虑企业在未来的支付能力。过高的资产负债率不但会降低企业的支付能力，而且当企业所处的内外部经营环境一旦发生非预期的负面事件时，过高的资产负债率将把企业拖入财务困境之中。所以，在这里我们坚决反对企业的盲目扩张、超速增长，并因此大量举债；我们主张企业合理负债，量力而行，量体裁衣，以实现均衡稳健的发展。

6.5.2 提高团队教育水平，保持教育水平的适度异质性

本章的实证结果显示，高管团队平均学历水平及学历水平异质性与企业资本结构都呈显著负相关关系。这表明，不论是提高团队的学历水平还是适当增加团队内部学历水平的异质性，对企业保持一个合理的资本结构都是有利的。因此，我们认为，企业在高管团队的组建时，就应该注意尽力选拔具有高学历背景的人员来担任，在此基础之上，保持高管团队内部一定程度上的学历水平异质性也是必要的。

6.5.3 保持高管团队平均年龄的合理性

本章的实证结果显示，高管团队的平均年龄与企业资本结构显著负相

关。基于此，我们认为，若想降低企业财务困境发生的概率，适当提高高管团队的平均年龄也是必要的。因为平均年龄水平高的团队所做出的战略决策可能更稳健，经验也更丰富。但在这里，需要指出的是，高管团队的平均年龄水平提高要有一个适度性，绝不可能是无限制的越高越好。因为过高的高管团队平均年龄又会带来另外一种负面效应。Taylor（1975）曾经指出，随着年龄增长，人的体力、脑力、精力和学习能力均呈下降趋势，同时更为呆板，对变化的适应度也越来越低，在决策时整合相关信息的能力较弱。

6.5.4　适度控制经济管理类背景高管人员在团队中的比例

本章的实证结果显示，高管团队中经管类专业背景人员所占比例与企业资本结构显著正相关。基于此，我们认为，为了降低企业财务困境发生的可能性，企业还应该适当控制经管类背景的高管在团队中的比例。但我们认为，这并不表明经济管理类背景的高管所占的比例越低就会越好，在这里面也应当遵循适度的原则。Michel 和 Hambrick（2004）的研究结果显示，对施行相关多元化或者是单一经营战略的企业来说，高管团队成员所需的专业背景主要与企业所经营的业务相关，这时专业背景人员就能够为企业做出更大的贡献；而对施行了非相关多元化战略的企业来说，高管团队成员所需的专业背景应该是具有经济管理背景的人员，这时拥有与具体经营业务密切相关专业背景的高管对企业的作用就不会太大。

7　本书的不足之处及对未来的展望

7.1　本书的不足之处

7.1.1　未考虑经济周期、行业差异等外部因素的影响

众所周知，所有企业的经营都离不开自身所处的大的经济环境及行业背景。例如，Jin（2005）认为，包括公司盈余在内的多个会计变量，与经济周期的变化及企业对经济的敏感性之间有关，那些经济敏感性强的公司会计盈余，在宏观经济增长期增速更快，而在经济衰退期则会下降得更快。Altman（1983）则认为，处于经济衰退期的公司更容易陷入困境的状态。此外，大量研究结果还显示，行业变量也是公司财务困境发生的重要影响因素（Gupta and Huefner，1972；Perry et al.，1984；Jackson and Boyd，1984）。因为，企业所属行业不同，其对高管团队的能力要求就会存在差异。比如，高科技企业可能更倾向具备科学和工程类专业背景特征的高管团队；但对金融类企业而言，拥有财经类背景特征的高管团队可能会显得更加重要。而本书有关企业高管团队背景特征与财务困境间关系的研究，并未考虑由于外部环境因素对研究结论所带来的影响，这有可能会降低文章结论的解释力。

7.1.2　未考虑企业间成长阶段差异所带来的影响

本书对所选择的研究样本进行回归分析时，并未按企业的成长阶段进行分组。但一般认为，企业所处的成长阶段不同，其面临的同业竞争、风险特点及采用的发展战略应该也会有所不同。因此，处于不同成长阶段的企业，对于高管团队的能力要求就会存在差异，企业在陷入财务困境的概

率上也会有所区别。

7.1.3　对高管团队内部的权力分布差异未作区分

本书把高管团队成员视为无差异的个体，对高管团队背景特征与企业财务困境间的关系进行了研究。但实际上，高管团队成员之间在权力分配上并不均衡，这必将会导致团队的不同成员在企业的影响程度上出现差异，比如企业的董事长或总经理对企业战略决策的影响一定会大于高管团队的其他成员。因此，本书把高管团队成员视为无差异个体来进行研究的方法，与现实情况其实是有出入的。

7.1.4　对不同所有权性质企业中高管团队行为模式未作区分

当前，在我国的上市公司中，70%以上为国有上市公司。而国有上市公司由于存在的所有者缺位问题，造成了所有权与控制权之间的长期分离，这在公司的治理结构上，与以私有产权为基础的民营上市公司相比，二者之间存在明显的不同。因此，通常认为，国有企业高管的代理成本与民营企业高管的代理成本是有区别的。这必将导致国有企业高管与民营企业高管在行为模式上出现差异。但在本书的回归分析中，对不同所有权性质的企业并未加以区分，而是把全部的样本公司放在一起进行了实证检验，这样就人为地掩盖了两者之间的区别，对更加贴近现实情况政策建议的提出会带来不利的影响。

7.1.5　在高管团队背景特征变量的衡量上存在诸多不足

当前，由于我国上市公司在高管团队背景特征变量的信息披露上，所采用的口径并不统一。因此，本书在对高管团队背景特征变量进行度量时，获取的高管团队背景特征数据可能并不充分，同时在数据的准确性方面可能也存在一些问题。此外，本书对高管团队背景特征变量进行描述时，考虑到数据的可获取性，以及对特征变量衡量上的便利性，仅从团队的人口统计特征的角度出发而进行。但是，Hambrick 和 Mason（1984）认为，与纯粹的心理测量指标相比，人口统计特征会更具噪音。基于此，Hambrick 等（1996）对高管团队运作进行了更加规范的描述，其中包括高管团队的组成、高管团队的结构和高管团队的运作过程。高管团队组成与结构主要是指团队成员的人口统计特征和职权结构，如教育背景、年龄、任职年限等。而高管团队的运作过程，则主要包括高管团队成员之间的沟通、协调、领导、激励以及冲突的处理等行为。然而，在本书的研究中，并没有包括高管团队的运作过程变量，这可能会导致文章在研究的深度上存在不足。

7.1.6　在债务融资变量的描述上存在明显的局限性

在本书的第三章，有关债务融资变量的衡量上，仅仅使用资产负债率一个指标来作为替代变量，用以研究高管背景特征与债务融资以及债务融资与企业财务困境发生的可能性间的关系。并未考虑由于债务融资来源和债务期限结构上的差异对研究结果所带来的影响。然而，童盼和陆正飞（2005）认为，企业负债融资的来源不同，对企业投资规模及经营绩效的影响也会存在差异。此外，笔者还认为，债务融资期限结构上的差异，也会对企业财务困境的发生带来影响。例如，若短期负债使用过多，将会使企业因大量债务集中到期而提高其陷入财务困境的概率。

7.1.7　有关财务困境变量的界定还存在值得商榷之处

本书对财务困境变量的界定，使用了两种方法：①把 ST 公司界定为财务困境企业（陈静，2011；张玲，2020；陈晓和陈治鸿，2020；李华中，2021；姜秀华和孙铮，2021；吴世农和卢贤义 等，2011）；②用 Z 指数加以衡量。我们以 1.8 为临界值，来判断企业的财务困境状况，把 Z 值小于 1.8 时界定为财务困境公司（姜付秀 等，2019）。上述两种有关财务困境的界定方法，虽然与当前国内的大部分研究保持了一致，但是，直接把 ST 公司或 Z 值小于 1.8 的公司界定为财务困境公司，仍然值得商榷。

7.1.8　在样本选取上存在局限性

在本书的样本选取过程中，我们只把在沪深 A 股中已上市的公司选定为研究目标，所能获得的资料也仅是上市公司中的一部分，而上市公司作为中国企业中的一个特殊群体，其本身的普遍代表性一直都被人们怀疑。基于此而得出的研究结论，在今后的广泛推广上将面临一定的困难。

7.2　对未来的展望

基于前面的讨论，本书在以下四个方面进行了展望：

7.2.1　区分所有权性质、行业与成长阶段

在区分企业所有权性质的基础上，按行业对处于不同成长阶段的企业分别进行研究。

7.2.2　引入经济周期变量

在前面研究的基础之上，引入代表经济周期的情景变量，建立高管团队背景特征与企业财务困境间关系的权变分析模型。

7.2.3　考虑团队成员在权力上的分布差异

在对高管团队背景特征变量进行界定时，应考虑团队内部成员在权力上的分布差异，将各成员按影响力的大小分别赋予相应的权重系数后，再把高管团队背景特征变量纳入模型中进行相应的实证检验，并以此构建出更加符合实际情况的高管团队背景特征变量的度量模型。

7.2.4　引入反映高管团队运作过程的变量

在模型中，除引入反映高管团队组成与结构的变量，如教育背景、年龄、任职年限等外，还应引入反映高管团队的运作过程的变量，如高管团队成员之间的沟通、协调、领导、激励以及冲突处理行为等。

参考文献

[1] 姜付秀，伊志宏，苏飞，等. 管理者背景特征与企业过度投资行为 [J]. 管理世界，2009 (1)：21-24.

[2] 戴泽伟，潘松剑. 高管金融经历与实体企业金融化 [J]. 世界经济文汇，2019 (2)：76-99.

[3] 马富萍，郭晓川. 高管团队异质性与技术创新绩效的关系研究：以高管团队行为整合为调节变量 [J]. 科学学与科学技术管理，2010 (12)：18-21.

[4] 冉渝，李秉成. 货币政策、过度投资与财务困境 [J]. 财会通讯，2017 (3)：3-7.

[5] 陈夙，吴俊杰. 管理者过度自信、董事会结构与企业投融资风险：基于上市公司的经验证据 [J]. 中国软科学，2014 (6)：109-116.

[6] 杜勇，谢瑾，陈建英. CEO 金融背景与实体企业金融化 [J]. 中国工业经济，2019 (5)：136-154.

[7] 魏立群，王智慧. 我国上市公司高管特征与企业绩效的实证研究 [J]. 南开管理评论，2002 (4)：16-22.

[8] 孙海法，伍晓奕. 企业高层管理团队研究的进展 [J]. 管理科学学报，2003 (4)：49-53.

[9] 肖久灵. 企业高层管理团队的组成特征对团队效能影响的实证研究 [J]. 财贸研究，2016 (2)：23-26.

[10] 谢凤华，姚先国，古家军. 高层管理团队异质性与企业技术创新绩效关系的实证研究 [J]. 科研管理，2018 (6)：68-72.

[11] 姜付秀，石贝贝，马云飙. 信息发布者的财务经历与企业融资约束 [J]. 经济研究，2016 (6)：83-97.

[12] 韩婕珺，郑乐凯，苏慧. 管理层背景与企业全球价值链参与：来自上市公司的证据 [J]. 产业经济研究，2020 (2)：73-86.

[13] 张鸿萍. 高层管理团队视角下的成长型企业创新战略研究 [J]. 经济体制改革, 2007 (1): 15-19.

[14] 卢馨, 张乐乐, 李慧敏, 等. 高管团队背景特征与投资效率: 基于高管激励的调节效应研究 [J]. 审计与经济研究, 2017 (2): 66-77.

[15] 沈艺峰, 肖瑕, 林涛. 投资者保护与上市公司资本结构 [J]. 经济研究, 2009 (7): 56-60.

[16] 郑建明, 孙诗璐, 靳小锋. 盈余质量、CEO背景特征与股价崩盘风险 [J]. 财经问题研究, 2018 (12): 82-89.

[17] 吴卫星, 王晨宇, 屈源育. 企业履行社会责任影响因素研究: 基于管理人员研究经历的视角 [J]. 金融论坛, 2020 (5): 46-56.

[18] 黎凯, 叶建芳. 财政分权下政府干预对债务融资的影响: 基于转轨经济制度背景的实证分析 [J]. 管理世界, 2007 (8): 35-39.

[19] 郭雪萌, 梁彭, 解子睿. 高管薪酬激励、资本结构动态调整与企业绩效 [J]. 山西财经大学学报, 2019 (4): 78-91.

[20] 王山慧, 王宗军, 田原. 管理者过度自信、自由现金流与上市公司多元化 [J]. 管理工程学报, 2015 (2): 103-111.

[21] 姜付秀, 刘志彪. 行业特征、资本结构与产品市场竞争 [J]. 管理世界, 2005 (10): 72-76.

[22] 童盼, 陆正飞. 负债融资、负债来源与企业投资行为 [J]. 经济研究, 2005 (5): 67-70.

[23] 田晓霞. 小企业融资理论及实证研究综述 [J]. 经济研究, 2014 (5): 18-22.

[24] 李善民, 刘智. 上市公司资本结构影响因素述评 [J]. 会计研究, 2013 (8): 23-27.

[25] 吕长江, 韩慧博. 上市公司资本结构特点的实证分析 [J]. 南开管理评论, 2001 (2): 41-45.

[26] 杨兴全, 任小毅. 多元化经营缓解了非产业政策扶持企业融资约束吗 [J]. 财贸研究, 2019 (3): 99-110.

[27] 李毅, 何冰洋, 胡宗义, 等. 环保背景高管、权力分布与企业环境责任履行 [J]. 中国管理科学, 2023 (9): 13-18.

[28] 梅波. 债务类型的公司治理价值效应实证研究 [J]. 山西财经大学学报, 2019 (12): 80-84.

[29] 汪辉. 上市公司债务融资、公司治理与市场价值 [J]. 经济研究, 2013 (8)：43-47.

[30] 吴世农, 卢贤义. 我国上市公司财务困境的预测模型研究 [J]. 经济研究, 2001 (6)：6-11.

[31] 陈静. 上市公司财务恶化预测的实证分析 [J]. 会计研究, 2001 (4)：25-28.

[32] 姜秀华, 孙铮. 治理弱化与财务危机：一个预测模型 [J]. 南开管理评论, 2001 (5)：53-57.

[33] 邢精平. 企业财务危机中相关利益人行为研究 [J]. 经济研究, 2004 (8)：61-65.

[34] 姜付秀, 张敏, 陆正飞. 管理者过度自信、企业扩张与财务困境 [J]. 经济研究, 2019 (1)：72-76.

[35] 周首华. 论财务危机的预警分析：F 分数模式 [J]. 会计研究, 1996 (8)：34-37.

[36] 吕长江, 徐丽莉, 周琳. 上市公司财务困境与财务破产的比较分析 [J]. 经济研究, 2014 (8)：21-25.

[37] 张川, 罗文波, 樊宏涛. CFO 背景特征对企业财务重述 的影响：审计质量的调节效应 [J]. 南京审计大学学报, 2020 (4)：1-10.

[38] 韩立岩, 李慧. 权力与财务危机：中国上市公司的 经验证据 [J]. 金融研究, 2019 (1)：19-22.

[39] 崔学刚, 王立彦, 许红. 企业增长与财务危机关系研究：基于电信与计算机行业上市公司的实证证据 [J]. 会计研究, 2017 (12)：32-35.

[40] 杨兴全, 吴昊旻, 曾义. 公司治理与现金持有竞争效应：基于资本投资中介效应的实证研究 [J]. 中国工业经济, 2015 (1)：121-133.

[41] HAMBRICK D C, MASON P A. Upper Echelons：The organization as a reflection of itstop managers [J]. Academy of Management Review. 1984, 9 (2)：193-206.

[42] JENSEN M. Agency costs of free cash flow corporate finance take-overs [J]. American Economic Review, 1989 (76)：323-329.

[43] MYERS S C, NICHOLAS S MAJLUF. Corporate financing and investment decisionwhen firms have information that investors do not have [J].

Journal of Financial Economics, 1984 (13): 187-221.

[44] ROLL, RICHARD. The bubris hypothesis of corporate takeovers [J]. Journal of Business , 1986, 59: 197-216.

[45] TIHANYI L, ELLSTRAND A E, DAILY C. M, et al. Composition of the top manage-ment team and firm international diversification [J]. Journal of Management, 2020, 26 (6): 1157-1177.

[46] WIERSEMA M F, BANTEL K A. Top management team demography and corporate strategic change [J]. Academy of Management Journal, 2014, 35 (1): 91-121.

[47] HALEBIAN J, FINKELSTEIN S. Top management team size, CEO dominance, and firm performance: the moderating roles of environmental turbulence and discretion [J]. Academy of Management Journal, 2015, 36 (4): 844-863.

[48] SMITH K G, SMITH K A, OLIAN J D, et al. Top manage-ment team demography and process: the role of social integration and communication [J]. Administrative Science Quarterly, 2018, 39 (3): 412-438.

[49] RICHARDSON S. Over-investment of free cash flow [J]. Review of Accounting Studies, 2016 (11): 159-189.

[50] SIMONS T L, PELLED L H, SMITH K A. Making use of difference: diversity, debate, and decision comprehensiveness in top management teams [J]. Academy of Management Journal, 2012, 42 (6): 662-673.

[51] PELLED L H. Demographic diversity, conflict, and work group outcomes: an intervening process theory [J]. Organization Science, 1996, 7 (7): 615-631.

[52] BANTEL K A, JACKSON S E. Top management and innovations in banking: does the composition of the top team make a difference [J]. Strategic Management Journal, 2011, 10 (2): 107-124.

[53] ANDERSON. Top management team, global strategic posture, and the moderating role of uncertainty [J]. Academy of Management Journal, 2013, 44 (3): 533-545.

[54] CARPENTER M A, FREDRICKSON J W. Top management teams, global strategic posture, and the moderating role of uncertainty [J]. Academy of

Management Journal, 2011, 44（3）：533-545.

［55］CARPENTER M A, GELETKANYCZ M A, WM GERARD SAND-ERS. Upper Echelons Researchrevisited: Antecedents, Elements, and Consequences of Top Management Team Composition ［J］. Journal of Management, 2014, 30（6）.

［56］CARPENTER M A, SANDERS W G, GREGERSEN H B. Bundling human capital with organizational context: The impact of international assignment experience on multinational firm performance and CEO pay ［J］. Academy of Management Journal, 2011（44）：493-512.

［57］JENSEN M, ZAJAC E J. Corporate elites and corporate strategy: How demographic preferences and structural position shape the scope of the firm ［J］. Strategic Management Journal, 2014, 25（6）：507-524.

［58］HAMBRICK D C, CHO T S, CHEN M. The influence of top management team heterogeneity on firms' competitive moves ［J］. Administrative Science Quarterly, 2018（41）：659-684.

［59］RICHARD O C, SHELOR R M. Linking top management team age heterogeneity to firm performance: juxtaposing two mid-range theories ［J］. The International Journal of Human Resource Management, 2012, 13（6）：958-974.

［60］WALLY S, BECERRA M. Top management team characteristics and strategic change in international diversification: the case of U. S. multinationals in the European community ［J］. Group&Organization Management, 2014, 26（2）：165-188.

［61］WIERSEMA M F, BIRD A. Organizational demography in Japanese firms: group heterogeneity, individual dissimilarity, and top management team turnover ［J］. Academy of Management Journal, 2015, 36（5）：996-1025.

［62］WILBUR LEWELLEN, CLAUDIO LODERER, KENNETH MARTIN, et al. Executive Compensation and the Performance of the Firm ［J］. Managerial and Decision Economics, 2014, 13（1）：65-74.

［63］BANTEL K A. Top team, environment, and performance effects on strategic planning formality ［J］. Group and Organization Management, 2015（18）：436-458.

［64］PELTED L H, EISENHARDT K M, XIN K R. Exploring the black box: an analysis of work group diversity, conflict, and performance [J]. Administrative Science Quarterly, 2013, 44 (1): 1-28.

[65] KILDUFF M, ANGELMAR R, MEHRA A. Top management-team diversity and firm performance: Examining the role of cognitions. Organization Science, 2010 (11): 21-34.

[66] BOEKER W. Strategic changeahe influence of managerial characteristics and organizational growth [J]. Academy of Management Journal, 2013, 40 (1): 152-170.

[67] SAMBHARYA R B. Foreign experience of top management teams and international diversification strategies of US multinational companies [J]. Strategic Management Journal, 2011, 17 (9): 739-746.

[68] KNIGHT D, PEARCE C L, SMITH K. Top management team diversity, group process, and strategic consensuss [J]. Strategic Management Journal, 2012, 20 (3): 445-465.

[69] JOHN, KOSE. Managing financial distress and valuing distressed securities: a survey and a research agenda [J]. Financial Management, 2015, 13 (2): 60-78.

[70] TSUN-SIOU LEE, YIN-HUA YEH. Corporate governance and financial distress: Evidence from Taiwan [J]. Corporate Covernance: An International Preview, 2016, 12 (3): 378-388.

[71] BRADLEY M, DESAI A, KIM E H. Synergistic gains from corporate acquisitions and their division between the shareholders of target and acquiring firms [J]. Journal of Financial Economics, 2011 (21): 3-40.

[72] LANG L, STULZ R, WALLAING R. A Test of the Free Cash Flow Hpothesis, the Case of Bidder Returns [J]. Journal of Financial Economics, 2001 (29): 315-335.

[73] GRIFFIN J M. A test of the free Cash Flow Hypothesis: Research From the Petroleum Industry [J]. Review of Economics, 2012 (70): 76-92.